릭 워렌의
꿈꾸는 인생

RICK WARREN

믿음을 성장시키기 위해
하나님이 사용하시는 여섯 단계

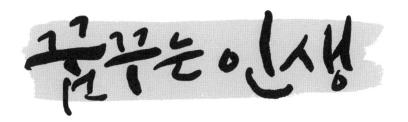

Created to Dream

릭 워렌 지음 ┃ 홍병룡 옮김

국제제자훈련원

옮긴이 **홍병룡**

연세대학교와 캐나다 리전트칼리지, 기독교학문연구소 등에서 공부했다. IVP 대표간
사와 협동조합 아바서원의 대표를 역임했고, 기독교학문연구회의 창립멤버로 활동했
으며, 현재는 프리랜서로 출판 기획과 번역 작업을 하고 있다. 옮긴 책으로는 《소명》,
《창조 타락 구속》,《무례한 기독교》(이상 IVP),《완전한 진리》(복있는사람),《섭리》(생명의
말씀사),《G. K. 체스터턴의 정통》(아바서원) 등 130권 이상이 있다.

차례

주님 안에서 동지적 소명을 가진 동역자이자, 개인적으로 깊은 친분이 있는 릭 워렌 목사님의 《릭 워렌의 꿈꾸는 인생》 출간은 이 시대를 위한 귀한 선물입니다. 이 책은 역사의 불청객 코로나 팬데믹 이후, 갈수록 거세지는 세속의 중력에 눌려 현실 문제 타개에 급급한 그리스도인들에게 새로운 돌파구와 소망의 통찰을 선사해 줍니다. 하나님이 주신 꿈을 붙잡은 사람들을 하나님께서 어떻게 인도하시고, 그 꿈을 성취할 수 있도록 어떻게 도우시는지를 성경적 원리와 복음적인 관점을 바탕으로 제시합니다.

'하나님의 꿈을 꾸는 자'를 통해 이 땅에 하나님 나라가 세워지는 것을 그림처럼 보여주고 있는 이 책을 진지하게 읽으면, 성경이 말씀하는 꿈은 각 사람 안에 담긴 '하나님의 비전'임을 깨닫게 됩니다. 특히, 40년이 넘는 세월, 하나님을 전심(全心)으로 섬기고, 영혼들을 진심(眞心)으로 목양한 릭 워렌 목사님의 살아있는 경험과 육성이 페이지 갈피마다 녹아있어, 책을 읽는 내내 하나님의 비전으로 맥박치고 가슴 뛰게 됩니다.

책의 마지막 페이지를 덮으면, 하나님의 목적과 부르심이 나의 문제보다 크다는 사실로 새 힘을 얻고 이렇게 질문하기 시작할 것입니다. '내 인생을 하나님께 온전히 드리면, 그분은 나의 삶을 통해 무엇을 하실까?' 하나님께서 우리 안에 시작하신 선하신 일을 아름답게 마무리 finishing well하기를 소원하는 모든 그리스도인에게 일독을 추천합니다.

오정현 (사랑의교회 담임목사)

릭 워렌은 인간은 꿈꾸기 위해 창조된 존재라고 선포합니다. 그리고 그 꿈이 창조적 꿈이 되기 위해 거쳐 가야 할 6단계를 소개합니다. 하나님이 쓰신 사람들의 공통점을 찾아보십시오. 그들 모두에게는 하나님 나라의 꿈이 있었습니다. 성경 역사와 인류 역사는 이런 꿈쟁이들에게 빚지고 있습니다. 우리의 역사는 새로운 꿈을 꾸는 사람들을 기다리고 있습니다.

릭 워렌은 겸손하지만 위대한, 성경적 비저너리였습니다. 자신에게 주어진 꿈을 따라 위대한 목회를 감당하고 내려놓은 사람, 우리 시대의 꿈을 이어가기 위해 우리는 그에게서 배울 필요가 있습니다. 그의 발걸음을 따라가며 당신을 꿈꾸게 하시는 하나님을 만나길 바랍니다.

이동원 (지구촌 목회리더십센터 대표)

신앙 여정을 걷다 보면 예기치 않은 난관과 때론 막다른 골목에 이를 때가 있습니다. 이는 마치 정지 신호와 같습니다. 숨을 고르고 돌이켜 봅니다. 이게 아닌데 하며 문제가 무엇인가 생각합니다. 이때 우리 시대의 탁월한 신앙 소통 전문가인 릭 워렌 목사가 찾아와 애정 어린 도움의 손길을 내밉니다. 하나님이 나에게 심어주신 꿈을 되찾아 걸어가 보라는 여섯 가지 조언입니다. 영어로 6-DDream, Decision, Delays, Difficulties, Dead Ends, Deliverance입니다. 친근한 어조, 쉬운 설명, 적절한 성경 예화들, 진정성 있는 표현, 실제적 적용 가능성, 공감하는 언어로 "내 안에 심긴 하나님의 꿈은 반드시 실현된다"라는 울림을 줍니다. 책 끝에 실린 성찰 질문은 신앙 여정의 길에서 두고두고 대답해야 할 인생 질문들입니다. 개인적 묵상이나 소그룹 토론에 최적화된 신선한 선물이 될 겁니다. 이 책을 통해 독자들도 하나님의 꿈에 참여하기를 기대합니다.

류호준 (백석대학교 신학대학원 은퇴 교수)

《릭 워렌의 꿈꾸는 인생》은 꿈꾸게 하는 책이다. 우리 내면에 잠자고 있는 하나님의 꿈을 깨우는 책이다. 이 책은 꿈이 무엇이며, 왜 꿈을 꾸어야 하며, 어떻게 꿈을 성취할 수 있는가를 가르쳐준다. 이 책은 단순히 꿈에 대한 이론서가 아니다. 저자가 하나님의 꿈을 가슴에 품고, 구체적으로 자신의 삶과 사역에서 그 꿈을 성취한 원리와 방법과 경험이 조화를 이룬 책이다. 그래서 우리에게 큰 감동과 울림으로 다가온다. 그의 책은 언제나 영감을 주고 우리 영혼을 깨우친다. 우리를 하나님께 이끌어주고, 하나님의 꿈을 꾸게 만든다.

하나님은 꿈꾸는 자와 믿는 자를 통해 세상을 움직이신다. 꿈꾸는 자는 곧 믿는 자다. 믿음이 없이는 꿈을 꿀 수 없다. 또한 꿈을 꿀 때 우리 믿음은 성장한다. 꿈을 꾸고 꿈이 성취될 것을 믿는 자는 역동적인 삶을 산다. 꿈꾸는 사람은 고난, 갈등, 문제, 장애물을 통과해야 한다. 그것은 필수다. 꿈이 크면 직면하게 될 문제도 크다. 하지만 꿈꾸는 사람은 문제 앞에 굴복하는 것이 아니라 오히려 문제를 당황하게 한다. 문제를 가지고 기적을 창조하는 재료로 만든다. 그래서 꿈은 우리 삶 속에 드라마틱한 스토리를 만들어준다.

이 책은 혼자 몰래 읽고 싶은 책이다. 하지만 좋은 것을 혼자만 간직하는 것은 죄다. 그래서 나는 이 책을 수많은 사람에게 알리고 싶다. 꿈을 꾸고, 꿈을 성취하기 원하는 분들에게 이 책을 추천하고 싶다. 인간적 야망이 아니라 하나님이 기뻐하시는 꿈을 성취하기 원하는 분들에게 이 책을 추천하고 싶다. 꿈을 성취하는 구체적인 방법을 배우고 싶은 분들에게 이 책을 추천하고 싶다.

강준민 (L.A. 새생명비전교회 담임목사)

지금 우리가 살아가는 시대는 "꿈을 잃어버린 시대"입니다. 아니, 꿈꾸기를 포기한 것 같습니다. 그저 하루하루 쏟아지는 많은 정보와 기술의 범람 속에 몸과 마음을 내맡긴 채 둥둥 떠다니고 있습니다.

릭 워렌 목사님은 이런 현대의 그리스도인들이 한동안 잊고 지냈던 것을 선명히 떠올리게 합니다. 하나님이 우리를 부르실 때는 각자를 향한 놀라운 계획과 '색다른 꿈'을 갖고 부르셨다는 사실 말입니다. 우리는 절대적인 하나님 앞에서 절대적으로 소중한 존재였습니다. 그리고 그런 꿈을 이루어가시는 모든 재료는 하나님께서 미리 준비하셨습니다.

이 책은 담백하면서도 깊은 진리로 우리에게 위안을 줍니다. 하나님이 미리 내 인생을 보시고 그 꿈대로 나를 이끌어오셨다는 것과, 지금의 난관과 막다른 골목이 나의 실패가 아니라고 격려합니다. 내 인생에서 멋진 일을 다시 시작하시겠다고 말씀으로 격려하십니다. 하나님의 꿈과 여러분의 꿈을 일치시키는 길도 알려주십니다. "꿈꾸는 자들을 위한 지혜서"와 같은 이 책의 일독을 권합니다.

이찬수 (분당우리교회 담임목사)

일러두기

1. 번역본을 따로 표기하지 않은 성경구절은 개역개정판입니다.

믿음과 꿈은
어떤 관계인가?

여호와의 말씀이니라
너희를 향한 나의 생각을 내가 아나니 평안이요 재앙이 아니니라
너희에게 미래와 희망을 주는 것이니라.

예레미야 29:11

당신은 꿈꾸는 존재로 창조되었다.

　꿈꾸는 일은 당신의 믿음을 계발하고 하나님이 의도하신 사람이 되는 데 필수적인 역할을 한다. 꿈꾸는 것과 믿는 것, 당신의 상상력과 영적 성장 사이에는 중요한 상관관계가 있다. 꿈이 없으면 당신은 꼼짝도 못 하게 된다. 그렇지만 하나님이 주신 꿈이 있으면 당신의 가능성은 거의 무한해진다.

　당신이 첫 숨을 내쉬기 전에 하나님은 이미 당신의 두뇌에 상상력이라는 선물을 두셨다. 하나님은 우리 몸의 모든 세포 속에도 창조성을 심어놓으셨다. 성경은 당신이 하나님의 형상으로 창조되었다고 한다 창 1:27. 하나님 형상대로 지음받은 사람에게는, 꿈을

위대한 꿈은 믿음의 표현이다.

꾸고 무(無)에서 유(有)를 창조하는 능력이 주어졌다.

당신이 아직 경험하지 못한 능력, 곧 "무언가를 꿈꾸는" 이 능력은 인간을 다른 피조물로부터 구별하는, 하나님이 주신 능력이다. 물고기는 공중에 나는 것이나 물 밖에서 사는 것을 상상할 수 없다. 새는 물 아래 사는 것을 상상할 수 없다. 그러나 인간은 오랜 세월 동안 이뿐 아니라 더 많은 것도 상상해왔다.

꿈꾸는 것은 당신을 인간답게 만드는 중요한 요소다. 사람들은 큰 꿈을 꾼다. 그들은 종종 현실이 되기 오래전부터 무언가를 창조하고 실행하는 것을 상상한다. 인류가 역사상 성취한 모든 일은 꿈에서 출발한 것들이다. 나폴레옹은 언젠가 "상상력이 세계를 지배한다!"라고 말한 적이 있다.

당신의 꿈은 정체성, 행복, 업적 그리고 성취감을 형성하는 데 큰 영향을 미친다. 그런데 하나님이 주시는 꿈은 이런 유익들보다 훨씬 더 중요하다. 꿈에는 '영원'과 관련된 의미도 있다. 꿈은 하나님이 당신의 삶을 더 낫게 하는 과정에서 언제나 첫걸음으로 사용하시는 것이다. 모든 것이 하나의 꿈에서 시작된다.

하나님은 꿈꾸시는 분이다. 주변을 둘러보라! 우주에 있는 만물은 하나님이 생각해내신 것이다. 성경 첫 장의 첫 구절을 대면하자마자 하나님의 창조성을 만난다. 창세기 1장 1절은 "태초에 하나님이 천지를 창조하시니라"라고 말한다. 하나님이 모든 것을 상상하고 말씀하심으로 만물이 존재하게 되었다. 만물은 하나님의 생각에서 시작된 것이다. 성경은 이렇게 말한다. "만물이 그로 말미암아 지은 바 되었으니 지은 것이 하나도 그가 없이는 된 것이 없느니라 그 안에 생명이 있었으니 이 생명은 사람들의 빛이라"요 1:3-4.

자연을 살펴보기만 해도 하나님에 관해 많은 것을 배울 수 있다. 하나님이 아름다움을 좋아하신다는 것을 금방 알 수 있다. 하나님이 세세한 것에 관심이 있다는 것을 알 수 있다. 하나님이 질서정연한 분임을 알 수 있다. 그분은 서로 연결되어 있는 온갖 시스템을 창조하셨다. 은하계에서, 우리의 환경에서, 우리의 몸에서 그리고 다른 많은 사물에서 그것을 관찰할 수 있다. 과학은 우리가 이전에 알지 못했던 시스템 간의 새로운 관계를 계속 발견해가고 있다.

무엇보다도, 우리는 자연에서 하나님의 '창조성'을 본다. 우리 창조주는 굉장히 창의적인 분이시다. 우리 행성을 가득 채우고 있는 그 모든 식물과 동물을 생각해보라. 그분이 온갖 피조물과 식물계에 존재하는 셀 수 없는 변종을 고안하셨다.

1. 믿음과 꿈은 어떤 관계인가?

그리고 당신을 창조하셨다. 그분은 당신에게 꿈꾸고 상상하고 계획하는 역량을 허락하심으로, 창조하는 능력까지 주신 것이다.

어린이들은 본래부터 창의적인 꿈쟁이들이다. 우리는 가장(假裝) 놀이를 하면서 배운다. 실제로 해보기도 전에 머릿속으로 상상의 나래를 펼친다. 그렇다. 어린이들은 본능적으로 어른에게는 불가능해 보이는 온갖 것을 상상하는 창의적인 몽상가들이다. 그런데 그처럼 기쁘게 창조하고 꿈꾸는 본성에 무슨 일이 생기는가? 세월이 흐르면서 그런 창의력은 남들에게 꺾이고 억압되고 질식되고 파괴되고 만다. 비극적이지만 사실이다. 일반적으로, 나이가 들수록 상상력과 창조력은 줄어든다.

이 모든 것이 영성 계발과 무슨 관계가 있을까? 모든 면에서 있다. 이 책이 다루는 내용이 바로 이것이다. 내가 언급했듯, 대다수는 꿈꾸는 것과 믿음 사이의 중요한 관계를 모르고 있다. 그러나 믿음이 깊은 자들은 언제나 큰 꿈을 꾸는 사람들이었다. 그들은 어린 시절이 지났지만 꿈꾸기를 멈추지 않았다. 성경은 이러한 어른 몽상가들로 가득 차 있다. 아브라함, 요셉, 모세, 룻, 에스더 등이 대표적이다. 강한 믿음의 소유자들은 현 상태에 안주하는 대신 하나님을 조금 더 신뢰할 때 무슨 일이 생길지를 상상한다.

큰 믿음은 큰 꿈을 꾸게 한다.
큰 꿈은 큰 믿음을 요구한다.

여러 면에서, 위대한 꿈은 믿음의 표현이다. 꿈을 공개적으로 밝힐 때 믿음이 필요한 이유는 사람들이 그 꿈을 배척할 가능성이 크기 때문이다. 용기를 품고 당신 자신, 가족 또는 다른 이들을 위한 더 나은 미래를 상상하거나 꿈꾸는 것은 믿음의 행위다. 당신은 이렇게 말한다. "나는 상황이 바뀔 수 있고 달라질 수 있다고 믿으며, 하나님께서 그것을 이루게 해주실 것을 믿습니다!" 하나님을 신뢰하면 그분은 기뻐하신다. 성경은 "믿음이 없이는 하나님을 기쁘시게 하지 못하나니 하나님께 나아가는 자는 반드시 그가 계신 것과 또한 그가 자기를 찾는 자들에게 상 주시는 이심을 믿어야 할지니라"히 11:6라고 말한다. 당신이 지금 이 글을 읽는 것을 하나님이 기뻐하신다고 나는 믿는다. 당신은 하나님께 중요하고, 그분은 당신의 인생을 끝내지 않으셨다. 이것은 무언가 멋진 일의 시작이다.

이 짧은 책에서 나는 하나님이 우리 믿음을 성장시키고 우리 성품을 계발하려고 사용하시는 여섯 단계를 요약하려 한

1. 믿음과 꿈은 어떤 관계인가?

다. 이 과정은 성경에 나오는 인물들의 삶에서 거듭 나타난다. 더욱 중요한 것은, 하나님이 당신을 영적으로 또 정서적으로 계속 성숙하게 하실 때 당신의 삶에서 이 과정이 반복될 것이란 사실이다.

이 성장 과정은 꿈꾸는 일로 시작되지만 꿈꾸기는 첫 단계일 뿐이다. 이후 다섯 단계를 더 거치게 되는데, 만일 당신의 꿈(그리고 당신의 믿음)이 어떻게 시험받을지를 전혀 모르고 시작한다면, 당신은 중간에 포기하고픈 유혹을 받을 것이다. 꿈꾸기는 그 과정을 시작하는 첫걸음이기 때문이다. 그것은 개인적 변화를 촉진하는 촉매제다. 아울러 하나님의 주 관심사이기도 하다. 당신을 그분과 영원히 함께 살아가도록 준비시키는 일이라서 그렇다.

여기에 비밀이 하나 있다. 당신은 자기 꿈을 땅에서 실현하는 데 더 관심이 있겠지만, 하나님은 하늘에 합당한 존재가 되게 하기 위해 당신의 성품을 계발하는데 더 관심이 있다는 것이다. 왜 그럴까? 하나님은 당신을 위한 장기 계획, 곧 땅에서의 짧은 시간보다 훨씬 오래 가는 계획을 갖고 계시기 때문이다. 하나님은 긴 안목을 갖고 당신을 다루신다. 영원에 비추어 당신의 삶을 바라보신다. 당신이 유념해야 할 사실이 있다.

당신이 땅에서 이루었으면 하고 바라는 모든 목표와 꿈이 단기적인 이유는 땅 위의 모든 것이 한시적이기 때문이다. 우리는 그저 지나가는 나그네에 불과하다. 이생은 죽음 저편에서 펼쳐질 진짜 공연에 앞서 벌어지는 리허설과도 같다. 땅에서의 인생은 영원히 지속되지 않는다. 그러나 영원 속에서 시작된 삶은 영원히 계속된다.

죽을 때 자기가 이 땅에서 이룬 경력을 천국으로 가져갈 수 없다. 옷이나 자동차나 현금도 마찬가지다. 모든 것을 두고 떠나야 한다. 영원 속으로 가져갈 것은 바로 '나' 자신뿐이다! 곧 나의 성품과 내가 되기로 선택한 그 사람만 남는다. 성경은 투박하게 이렇게 말한다. "우리가

> 우리가 꿈을 이루려고 애쓰는 동안 하나님은 우리 성품을 다듬으려고 애쓰신다.

세상에 아무것도 가지고 온 것이 없으매 또한 아무것도 가지고 가지 못하리니"딤전 6:7. 이 때문에 하나님은 '이 땅에서 당신이 어떤 존재가 됐는지'를 땅에 있는 동안 당신이 '행한 일'보다 훨씬 중요하게 생각하신다. 그래서 당신이 꿈을 이루려고 애쓰는 동안 하나님은 당신의 성품을 다듬으려고 애쓰신다.

여기에 좋은 소식이 있다. 만일 당신이 하나님과 협력한다

1. 믿음과 꿈은 어떤 관계인가?

면, 그분이 당신의 성품을 개조하는 일을 완성하실 것이라는 약속이다. 성경은 이렇게 말한다. "너희 안에서 착한 일을 시작하신 이가 그리스도 예수의 날까지 이루실 줄을 우리는 확신하노라"빌 1:6.

그래서 당신이 맨 먼저 선택할 사항은 이것이다. 당신은 자기 삶을 향한 하나님의 꿈을 선택할 것인가, 아니면 자기 자신의 꿈을 선택할 것인가? 또는 다른 누군가가 그들의 꿈을 당신에게 강요하도록 내버려둘 것인가? 분명히 할 사실은 있다. 하나님은 당신이 생각해낸 모든 것을 축복하겠다고 약속하지는 않으셨다. 당신의 모든 꿈, 목표, 열정 그리고 야망이 당신에게 전부 최선의 유익을 가져오는 것은 아니기 때문이다. 어떤 꿈은 유익하지 않다. 일부는 해롭다. 어떤 꿈은 악몽으로 끝나고, 일부는 재난을 초래한다. 성경은 "어떤 길은 사람이 보기에 바르나 필경은 사망의 길이니라"잠 14:12라고 말한다. 이 때문에 자기 스스로 꾸는 꿈보다 자신을 향한 하나님의 꿈을 선호해야 하는 것이다. 하나님의 꿈이 스스로 고안해낸 어떤 꿈보다 훨씬 더 낫다. 하나님의 꿈은 쉽지 않을 테고 금방 이뤄지지도 않을 것이다. 이 책에서 그 이유를 설명할 것이다. 그래도 그 꿈은 추구할 만한 가치가 있다.

당신을 향한 하나님의 꿈은 나중 생각이 아니다. 하나님은 모태에서 당신을 빚어내기 전에 당신이 하길 원하는 일을 이미 알고 계셨고, 그분은 바로 그 목적을 위해 당신을 창조하셨다. 그래서 성경은 이렇게 말한다. "우리는 그가 만드신 바라 그리스도 예수 안에서 선한 일을 위하여 지으심을 받은 자니 이 일은 하나님이 전에 예비하사 우리로 그 가운데서 행하게 하려 하심이니라"엡 2:10.

예레미야서 29장 11절에서는 하나님이 이런 약속을 하셨다. "너희를 향한 나의 생각을 내가 아나니 평안이요 재앙이 아니니라 너희에게 미래와 희망을 주는 것이니라." 하나님은 당신의 삶에 대한 계획을 갖고 계신다. 당신을 향한 목적이 그분께 없다면 당신은 지금 살아있지 않을 것이다. 골로새서 1장 16절은 "모든 것이 … 참으로 모든 것이 그분 안에서 시작되고, 그분 안에서 자신의 목적을 찾기 때문입니다"메시지라고 말한다. 물론 이 말씀에는 당신도 포함된다! 하나님은 실수하는 분이 아니시다. 무엇이든 우발적으로 행하는 분도 아니시다. 그분은 두 번 다시 생각하지 않는다. 그분은 어떤 목적을 위해 당신을 창조하셨고 당신의 인생을 향한 꿈을 갖고 계신다.

하나님의 꿈을 따르는 것이 당신 홀로 꿈꾸는 그 무엇을 이루는 것보다 훨씬 보람 있는 일이다. 당신의 삶을 향한 하나님의 꿈은 영원과 관련된 의미가 있기 때문이다. 그분은 당신이 현세만을 위해 살길 원치 않으신다. 오히려 당신 마음속에 영원을 품고 살길 원하신다. 당신이 땅에 사는 시간은 기껏해야 팔십 년에서 백 년이지만, 하늘에서는 영원한 시간을 보낼 것이다. 당신을 향한 하나님의 계획도 마찬가지다.

하나님의 꿈을
발견하고 따르는 것이
믿음의 발걸음이다.

"여러분도 알다시피, 하나님은 무엇이든지 하실 수 있는 분입니다. 하나님은 여러분이 꿈에서나 상상하고 짐작하고 구할 수 있는 것보다 훨씬 많은 것을 주실 수 있는 분입니다!" 엡 3:20, 메시지.

당신은 어떤지 모르겠지만 나는 꽤 큰 꿈을 꿀 수 있다. 그러나 하나님의 꿈은 내가 상상할 수 있는 그 무엇도 능가한다. 그리고 당신에게 해줄 말은, 하나님의 꿈을 추구하는 것이 당신이 진정 경험하게 될 가장 위대한 모험이라는 것이다.

당신의 삶을 향한 하나님의 꿈을 추구하면 이런 유익을 얻는다. 믿음이 견고해진다. 용기가 커진다. 성품이 계발된다. 상상력이 풍부해진다. 지평이 확장된다. 관점이 넓어진다. 우선

순위가 분명해진다. 사유가 예리해진다. 에너지를 집중할 수 있다. 그리고 '언제나' 하나님의 경이로움과 영광에 대해 새로운 것을 알아간다. 다른 어떤 것도 하나님의 꿈이 당신에게 줄 수 있는 유익을 대신 제공할 수 없다. 당신이 하나님의 창조 목적에 따라 살아간다면 더할 나위 없는 성취감을 맛보게 될 것이다.

하나님의 꿈 속으로 들어가다

인생에는 통제할 수 없는 것이 많다. 당신은 부모를 선택하지 않았다. 언제 또는 어디서 태어날지를 선택하지 않았다. 인종이나 성별도 선택하지 않았다. 그러나 당신이 완전히 통제할 수 있는 한 가지 선택 사안이 있다. 그것은 당신의 삶을 향한 하나님의 꿈을 추구하라는 그분의 초대를 받아들일지 여부다.

그러면 당신은 하나님의 꿈이 무엇인지 어떻게 발견할 수 있을까? 더욱이 그 꿈을 어떻게 따르게 될까? 하나님의 꿈을 발견하고 따르는 것은 믿음의 발걸음이다. 그분의 꿈은 보통 완벽하게 판독되지 않는다. 당신은 한 번에 한 걸음씩 걸으며 발견하게 된다. 성경은 이렇게 말한다. "의인의 길은 돋는 햇살 같아서 크게 빛나 한낮의 광명에 이르거니와" 잠 4:18. 이는 하나님의 꿈이 아침 햇살처럼 당신 위에 돋는다는 뜻이다. 당신이 발걸음을 디딜 때마다 그 꿈은 점점 더 분명해진다.

하나님의 꿈을 추구하려면 많은 인내가 필요하다. 인내는 하나님이 당신의 믿음을 세우기 위해 사용하는 흔한 도구 중 하나다. 사실 위험을 감수하는 것보다 기다리는 것에 더 많은 믿음이 필요하다. 기다리다 보면 '계속 하나님을 신뢰할 것인가?' 아니면 '포기하고 그만둘 것인가?'를 결정하지 않을 수 없기 때문이다.

이사야 7장 9절은 "만일 너희가 굳게 믿지 아니하면 너희는 굳게 서지 못하리라"라고 말한다. 그러면 현재 당신의 믿음은 어떤가? 강한 편인가, 약한 편인가? 확고한가, 흔들리는가? 이는 중요한 질문이다. 예수님이 이렇게 말씀하셨기 때문이다. "믿는 자에게는 능히 하지 못할 일이 없느니라" 막 9:23. "너희 믿음대로 되라" 마 9:29. 달리 말하면, 많은 것이 당신의 믿음에 달려 있다는 것이다! 당신의 믿음은 하나님이 당신의 인생을 얼마만큼 축복하실지에 영향을 미친다.

당신의 믿음이 하나님의 꿈을 따를 만큼 강하지 않다고 생각할지도 모르겠다. 물론 그렇긴 하다! 당신이 가진 믿음은 시작하기에만 충분할 뿐이다. 예수님은 산을 옮기려면 겨자씨 한 알 만큼의 믿음만 있으면 된다고 말씀하셨다. 혹시 당신에게는 작은 믿음밖에 없는가? 그러면 작은 발걸음을 내딛어라. 그렇게 하면 다음 발걸음을 위해 당신의 믿음이 자랄 것이다.

믿음은 근육과 비슷하다. 운동해서 계발할 필요가 있다. 하나님은 예측 가능한 패턴과 과정을 이용해 당신의 믿음을 세우신다. 이것을 나는 믿음의 여섯 단계라고 부른다. 이 여섯 단계를 이해한다면, 당신을 향한 하나님의 꿈을 추구하는 위대한 모험을 경험하는 동안 믿음을 굳건하게 하고 성품을 세우는 일에서 하나님과 더 잘 협력할 수 있다.

믿음의 여섯 단계

나는 목사로서 이런 질문을 자주 받는다. "왜 이런 일이 나에게 발생하죠? 나는 모르겠어요. 하나님의 꿈을 추구한다고 생각했는데 이젠 포기해야겠어요." 당신에게도 익숙한 말

1. 믿음과 꿈은 어떤 관계인가?

인가? 믿음의 여섯 단계를 이해하지 못한다면 자주 화가 나고 우울해질 수도 있다. 염려하는 것도 당연하다. 미래에 대해 두려워할 수도 있다. 그리고 무엇보다도 당신 삶에서 원하시는 일에 하나님과 협력할 수 없게 된다. 반면에 하나님이 우리 각 사람에게 거듭 통과하게 하시는 여섯 단계를 이해한다면, 당신은 "아, 나는 지금 4단계(혹은 6단계나 2단계)에 있군" 하고 말하게 된다. 당신은 지금 인생에서 무슨 일이 일어나는지 이해할 테고, 상황이 힘들다고 해서 낙심하지도 않을 것이다.

이제 믿음의 여섯 단계와 더불어 하나님의 꿈을 추구하는 과정에서 각 단계의 역할을 소개하려고 한다. 이후 각 단계에 대해 자세히 살펴볼 것이다.

| 1단계 꿈 |

하나님은 어떻게 믿음을 세우시는가? 그분은 언제나 꿈으로 시작하신다. 당신이 꿈꾸기 전에는 아무 일도 일어나지 않는다. 당신은 어떤 아이디어, 비전 또는 목표를 품어야 한다. 하나님이 당신 삶에서 일하기 원하실 때 어떤 꿈을 주시는데, 당신이 행하길 원하시는 일과 당신이 세상에 미치길 원하시는 영향력에 관한 꿈이다. 하나님의 꿈을 발견하는 법에 관해서는 다음 장에서 다룰 예정이다.

| 2단계: 결정 |

그 꿈을 추구하겠다고 결정 내려야 한다! 당신이 깨어나 그 꿈을 실천할 때까지는 아무것도 일어나지 않는다. 꿈꾸는 사람이 열 명이라면 결심하는 사람은 한 명뿐이다. 믿음으로 전진하는 유일한 길은 그 위험을 감수하겠다고 결심하는 것이다. 3장에서 현명한 결정을 내리는 데 필요한 여섯 가지 성경적 원리를 설명할 예정이다.

| 3단계: 지체 |

꿈을 추구할 때는 언제나 기다려야 하는 기간이 있다. 하나님은 왜 이토록 기다리게 만드실까? 내 프로젝트에 대해 일하기 전에 '나'를 다듬기 원하시기 때문이다. 지체 단계는 당신이 하나님을 신뢰하고 그분의 타이밍에 인내하도록 가르치는 데 목적이 있다. 하나님이 만든 '인생 대기실'을 어떻게 대하는지는 당신이 가진 믿음의 정도를 보여주는 척도다. 4장에서는 비록 당신의 꿈이 지연될지라도 계속 걸어가는 법을 보여줄 것이다.

당신은 기다릴 뿐만 아니라 기다리는 동안에 여러 문제도 겪을 것이다. 당신의 꿈이 하나님의 꿈과 일렬을 이룰 때에도 문제가 끊이지 않는 것은 하나님이 당신의 믿음과 성품을 다듬고 계시기 때문이다. 5장에서는 난관을 다룰 때 해야 할 일과 해서는 안 될 일을 설명할 예정이다.

끝으로, 난관이 너무나 심해져 당신은 한계에 도달한다. 모든 것을 시도해봤고, 모든 옵션을 다 사용하다 보면 이제 믿음의 다섯째 단계에 이르게 된다.

| 5단계: 막다른 골목 |

막다른 골목에 이르면 어려운 상황이 불가능한 상황으로 악화된다. 당신이 이 단계에 있다면 정말 축하할 일이다. 남들도 그런 경험을 했다. 사도 바울조차 막다른 골목을 경험하고는 이렇게 썼다. "우리가 아시아에서 당한 환난을 너희가 모르기를 원하지 아니하노니 힘에 겹도록 심한 고난을 당하여 살 소망까지 끊어지고 우리는 우리 자신이 사형 선고를 받은 줄 알았으니 이는 우리로 자기를 의지하지 말고 오직 죽은 자를 다시 살리시는 하나님만 의지하게 하심이라"고후 1:8-9.

하나님은 사람들을 육체적으로 죽은 상태에서 살릴 수 있을 뿐 아니라 정서적으로 죽은 상태에서도 살리실 수 있다. 그분은 죽은 결혼을 살리실 수 있다. 죽은 경력을 부활시키시고, 희망이 죽은 모든 곳에 새로운 생명을 불어넣으신다. 6장에서는 당신이 막다른 골목에 이를 때 어떻게 믿음을 지킬 수 있는지 보여 줄 것이다.

| 6단계 구출 |

결국은 하나님이 구출하신다. 그분이 기적을 행하신다. 그분이 해결책을 제공하신다. 하나님은 십자가 죽음을 부활로, 절망을 승리로 그리고 막다른 골목을 구출로 바꾸기를 기뻐하신다. 왜 그럴까? 그렇게 해서 그분이 영광을 받으시기 때문이다. 7장에서는 구출의 열쇠를 보여줄 것이다.

당신은 오늘 어느 단계에 있는가?

하나님은 당신에게 어떤 꿈을 주셨는가? 그것이 1단계에 해당한다. 만일 당신에게 꿈이 없다면, 당신은 정말로 살아 있는 것이 아니다. 그냥 존재하고 있을 뿐이다.

어쩌면 2단계에 있을지도 모르겠다. 하나님이 주신 꿈이 있지만, 그것을 추구하겠다고 아직 결심하지 못했다. 당신은 아직도 울타리 위에 앉아 있다. 당신이 하나님을 기다리는 것 같지만 실은 하나님이 당신을 기다리고 계신다. 결정 단계에서 하나님은 이렇게 말씀하신다. "한번 해보렴!" 그분이 당신을 응원하신다!

당신은 현재 3단계에 있을 수 있다. 꿈이 있고 결정을 내렸지만, 그것은 지연되었다. 그래서 하나님께 "어째서 제 기도가 아직도 응답받지 못했나요?"라고 묻는다. 당신이 3단계에 있다면 하나님의 대기실에 있다는 것을 기억하라. 우회하지 말고, 하나님보다 앞서가지도 말라. 그분이 알맞은 문을 여시도록 기다리라.

아마 4단계를 통과하며 시험을 받는 중일 수도 있다. 꿈이 실현되기를 기다리는 동안 당신이 만난 어려움은 무엇인가? 하나님은 이렇게 말씀하신다. "네가 어떤 과정을 거치고 있는지 정확히 알고 있다. 내가 그 모습을 지켜보는 중이다. 내가 너를 잊었다고 생각 마렴. 그렇지 않으니까."

또는 당신은 5단계에서 "이젠 벽에 부딪혔어. 막다른 골목에 있어. 이제 포기할까 봐" 하고 생각하는 중인가? 아니다. 당신은 하나님이 원하시는 곳에 있다. 하나님이 당신에게 "잠깐만 버텨! 계속 믿으라고! 포기하지 마라!"라고 말씀하시는 중이다. 당신은 6단계(구출) 직전에 있다.

하나님이 당신을 구출하시길 기대하는가? 하나님은 신실하시다. 그분이 약속한 것을 지키실 것이다. 하나님의 인도를 받으면 그분이 친히 해결하신다. 그러나 그런 일이 하룻밤에 이뤄지진 않는다. 꿈, 결정, 지체, 난관 그리고 막다른 골목의 여러 단계를 거친 뒤에 당신은 마침내 구출을 받는다.

이 구절을 다시 보라. "여러분도 알다시피, 하나님은 무엇이든지 하실 수 있는 분입니다. 하나님은 여러분이 꿈에서나 상상하고 짐작하고 구할 수 있는 것보다 훨씬 많은 것을 주실 수 있는 분입니다!"엡 3:20, 메시지.

> 하나님의 인도를 받으면 그분이 친히 해결하신다.

하나님은 마치 이렇게 말씀하시는 것 같다. "네 인생에서 이룰 수 있는 가장 큰 꿈을 생각해보라. 내가 그것을 뛰어넘어 이루겠다." 하나님은 당신을 위해 바로 이런 꿈을 갖고 계신다. 그 꿈은 당신이 스스로 꿈꾸는 어떤 야망, 목표 또는 소원보다 더 크

1. 믿음과 꿈은 어떤 관계인가?

고 더 낫다.

이제 하나님이 원하시는 일을 할 준비가 되었는가? 하나님의 꿈이 당신을 기다리고 있다.

당신을 향한
하나님의 꿈을 찾으라

여러분도 알다시피, 하나님은 무엇이든지 하실 수 있는 분입니다.
하나님은 여러분이 꿈에서나 상상하고 짐작하고 구할 수 있는 것보다
훨씬 많은 것을 주실 수 있는 분입니다!
하나님은 밖에서 우리를 강요하심으로써가 아니라
우리 안에서 활동하심으로, 곧 우리 안에서 깊고 온유하게 활동하시는
그분의 영을 통해 그 일을 하십니다.

에베소서 3:20-21, 메시지

꿈이 없다면 당신은 정말로 사는 것이 아니다. 그냥 존재하고 있을 뿐이다.

하나님의 꿈이 당신의 운명을 결정하고 당신의 존엄성을 규정한다. 그 꿈이 당신이 지금 존재하는 이유다. 당신 삶의 목적이다. 꿈이 없으면 당신 인생에는 의미와 방향이 없다. 꿈이 없다면 당신은 언제나 자기 자신이 누군지를 놓고 고심할 수밖에 없을 것이다.

예수 그리스도를 알게 된 후 당신 삶을 향한 하나님의 꿈을 발견하는 것보다 더 중요한 일은 없다. 하나님이 당신을 왜 지으셨는지 그리고 당신이 행하길 원하시는 일이 무엇인지를 발견해야만 인생에 비로소 의미가 생긴다.

성경에는 많은 본보기가 나온다.

- 하나님은 노아에게 세계를 홍수로부터 구출할 꿈을 주셨다.
- 하나님은 아브라함에게 큰 민족의 아버지가 되는 꿈을 주셨다.
- 하나님은 요셉에게 자기 백성을 구원할 지도자가 되는 꿈을 주셨다.
- 하나님은 다윗에게 성전을 건축하는 꿈을 주셨다.
- 하나님은 느헤미야에게 예루살렘 성벽을 재건하는 꿈을 주셨다.
- 하나님은 바울에게 로마로 가는 꿈을 주셨다.

꿈꾸기 전에는 아무것도 일어나지 않는다.

사실 모든 것이 꿈과 함께 시작되는 법이다. 창조된 모든 것은 누군가가 먼저 그것을 꿈꾸면서 함께 시작되었다. 하나님은 모든 나무, 산, 행성, 아니, 온 우주를 고안하셨다! 그분은 당신에 관해서도 꿈을 꾸셨고, 이후 당신을 창조하시고 당신에게도 꿈쟁이가 되는 능력을 주셨다. 당신이 놀라운 것을 꿈꿀 수도 있지만, 하나님의 꿈은 오직 당신

꿈이 없다면 당신은 언제나 자신이 누군지를 놓고 고심할 것이다.

릭 워렌의 꿈꾸는 인생

에게 맞춤 제작되었다. 그분이 당신에게 꿈꾸는 능력을 주시되 새로운 취미, 새로운 사업, 변화를 도모하고 공동체를 변화시키는 일, 세계에 영향을 미치는 일 등을 꿈꾸도록 하셨다. 이모든 것이 하나님이 주신 꿈과 함께 시작된다.

꿈에는 세 가지 유형이 있다는 것을 알고 있는가? 꿈은 당신이 잠자는 동안 품는 생각과 이미지일 수 있다. 그런 꿈이 다 좋은 것은 아니다. 어떤 꿈은 악몽이다. 꿈은 또한 당신이 깨어 있는 동안 품는 열정과 야망일 수도 있다. 이런 꿈은 당신이 잠자는 동안 꾸는 꿈보다 더 중요하다. 그러나 셋째 유형, 곧 당신의 삶을 향한 하나님의 꿈이 모든 꿈 중에 가장 중요하다.

어떤 꿈이 있을 때 그것이 하나님에게서 온 것인지, 아니면 당신 스스로 품은 것인지를 어떻게 알 수 있을까? 하나님이 말씀하시는 꿈인지, 아니면 지난밤에 당신이 즐긴 만찬이 말해주는 꿈인지를 어떻게 알 수 있겠는가? 어린 시절 나는 록스타가 되어 기타를 치는 꿈을 꾼 적이 있다. 그런데 그것은 나를 위한 '나의' 꿈이었지 나를 향한 '하나님의' 꿈이 아니었다. 하나님은 그보다 더 중요한 꿈을 갖고 계셨는데, 그것은 내가 요청하거나 스스로 쥐어 짜낼 수 있는 어떤 것도 뛰어넘는 꿈이었다.

어떤 꿈이 하나님에게서 온 것인지를 아는 한 가지 방법은

하나님의 꿈은
하나님의 말씀과 절대
모순되지 않는다.

그 꿈이 믿음을 요구하는지를 판단하는 것이다. 하나님의 꿈은 언제나 믿음을 요구할 것이다. 그런 꿈은 너무나 커서 당신의 힘으로는 도무지 이룰 수 없을 것이다. 만일 당신이 홀로 그 꿈을 이룰 수 있다면. 당신에게 믿음이 필요하지 않을 것이다. 그리고 "믿음이 없이는 하나님을 기쁘시게 하지 못한다" 히 11:6.

어떤 꿈이 하나님에게서 온 것인지를 아는 두 번째 방법은 그 꿈이 하나님의 말씀과 일치하는지를 판단하는 것이다. 하나님의 꿈은 하나님의 말씀과 절대 모순되지 않는다. 하나님은 당신에게 가족을 떠나 할리우드 스타가 되는 꿈을 주지 않으신다. 그분은 당신에게 사업상 속임수를 써서 거기서 나오는 수익을 교회의 건축 프로그램에 헌금하는 꿈을 주지 않으신다. 다시 말하건대, 하나님의 꿈은 결코 하나님의 말씀과 충돌하지 않는다.

맞춤 제작된 꿈

하나님은 당신의 삶을 향한 "선하시고 기뻐하시고 온전하신 뜻"을 갖고 계신다. 그것은 누구에게나 다 맞는 계획이 아니다. 당신을 향한 하나님의 꿈은 개별적이다. 그분이 당신을 빚어낸 방식에 딱 맞는 꿈이다.

당신을 당신답게 만드는 것은 다음과 같은 다섯 가지 요소다. 기억하기 좋게 하려고 "SHAPE"(모양)라는 간단한 아크로스틱acrostic을 만들어보았다.

- Spiritual gifts(영적 은사)
- Heart(마음)
- Abilities(능력)
- Personality(개성)
- Experiences(경험)

당신은 하나님이 주신 독특한 "모양"SHAPE을 가진 유일한 사람이다. 이는 당신의 삶에 꼭 맞는 하나님의 꿈을 이룰 수 있는 유일한 사람이 바로 당신이란 뜻이다. 하나님의 꿈은 개별적일 뿐 아니라 긍정적인 것이다. 그것은 "너희에게 재앙을 주려는 것이 아니라 번영을 주고 너희에게 미래와 희망을 주려는 계획이다"렘 29:11, 현대인의성경.

2. 당신을 향한 하나님의 꿈을 찾으라

그러면 하나님의 꿈을 당신이 어떻게 발견할 수 있을까? 다섯 가지 단계를 살펴보기로 하자.

| 인생을 하나님께 헌신하라 |

당신의 삶을 향한 그분의 꿈을 하나님께서 보여주길 원한다면, 하나님이 하라고 말씀하기 전이라도 그분이 원하는 것은 무엇이든 순종해야 한다. "하나님, 당신이 원하시는 것을 보여주세요. 그러면 제가 '예'라고 응답할게요"라고 말하지 말라. 그냥 처음부터 '예'라고 말하라. 그러면 그분이 당신에게 원하는 바를 보여주실 것이다.

로마서 12장 1절은 "너희 몸을 하나님이 기뻐하시는 거룩한 산 제물로 드리라 이는 너희가 드릴 영적 예배니라"라고 말한다. 하나님의 뜻을 발견하려면 당신 자신을 "드려야" 한다는 것이다. 이는 하나님의 목적에 당신 삶의 모든 부분—당신의 시간, 재능, 보물, 관계, 과거, 현재 그리고 미래—을 헌신해야 한다는 뜻이다. 그분의 계획 앞에서 당신의 계획을 희생하라. 당신 삶의 통제권을 그분에게 넘겨라.

성경은 이어서 이렇게 말한다. "너희는 이 세대를 본받지 말고 오직 마음을 새롭게 함으로 변화를 받아 하나님의 선하시고 기뻐하시고 온전하신 뜻이 무엇인지 분별하도록 하라"롬 12:2.

본받는다conform는 것은 어떤 것을 정해진 틀에 끼워 맞춘다는 뜻이다. 변화한다transform는 것은 어떤 것을 안에서부터 바꾼다는 뜻이다. 이 둘은 큰 차이가 있다. 하나님은 당신이 그분과 자신, 삶과 주변 세계에 대해 생각하는 방식을 바꿈으로써 자신을 변화시키길 원하신다. 사람들이 하나님의 꿈을 놓치는 첫째 이유는 그들이 나머지 세계에 들어맞으려고 애쓰기 때문이다. 그런 사람들은 하나님의 창조 의도에 맞는 사람이 되기보다 다른 누군가의 복사판이 되기 쉽다.

자기 삶을 향한 하나님의 꿈을 진지하게 알고 싶다면, 당신은 세상을 본받을지 아니면 진정 변화되고 싶은지를 먼저 결정해야 한다. 당신은 그저 괜찮은 삶인가 하나님의 삶인가, 세상 기준인가 하나님의 기준인가? 둘 중 어느 것에 만족할 것인가?

히브리서 12장 1절은 이렇게 말한다. "모든 무거운 것과 얽매이기 쉬운 죄를 벗어 버리고 인내로써 우리 앞에 당한 경주를 하며." 하나님은 당신이 달릴 특정한 인생 경로를 갖고 계신다. 당신이 언제나 남들을 곁눈질로 본다면 결국 그들의 경주에 참가하려고 애쓸 테고, 당신은 그 경기를 이길 방도가 없다. 하나님의 뜻을 알려면 당신은 세상 기준 본받기를 그만두고 하나님의 도움을 받아 그분이 설계하신 대로 변화되어야 한다.

하나님의 뜻은 어떠한가? 선하고, 그분을 기쁘게 하고, 온전하다 롬 12:2. "온전한"으로 번역된 헬라어 단어는 하나님의 뜻이 당신에게 "딱 맞는다"라는 뜻으로, 당신은 스스로 원하고, 되고 싶고, 될 수 있고, 되어야 하는 모습이라는 의미이다. 달리 말하면, 당신은 원래 자신의 창조 설계에 딱 맞는 사람이 되는 것이다.

그래서 당신을 향한 하나님의 꿈을 발견하려면 우선 삶 전체를 하나님께 바쳐야 한다. 사도 바울은 사도행전 20장 24절에서 이렇게 말한다. "내가 달려갈 길과 주 예수께 받은 사명 곧 하나님의 은혜의 복음을 증언하는 일을 마치려 함에는 나의 생명조차 조금도 귀한 것으로 여기지 아니하노라."

당신은 그렇게 했는가? 삶을 그분께 드렸는가? 당신의 삶을 향한 하나님의 꿈을 추구하는 것은 믿음의 여정이며, 그 첫걸음은 예수 그리스도를 믿어 죄를 용서받는 것이다. 그것이 출발점이다. 예수님은 이미 용서를 베푸셨다. 그분이 십자가에서 죽을 때 당신의 죄를 위한 대가도 치르셨다. 당신이 할 일은 그것을 믿고 받아들이는 것밖에 없다.

성경은 "[예수를] 영접하는 자, 곧 그 이름을 믿는 자들에게는 하나님의 자녀가 되는 권세를 주셨다"요 1:12라고 한다. 예수님이 당신의 죄를 위해 죽으셨고 하나님이 그를 죽은 자 가운데서 살리셨다고 믿는 자에게 그분이 베푸시는 용서의 선물을 받으라. 여기에는 통과해야 할 시험도 없고, 뛰어넘어야 할 장애물도 없으며 지불해야 할 대가도 없다. 당신의 죄에 대한 형벌은 예수 그리스도가 십자가 위에서 이미 받으셨다. 그냥 믿음으로 그의 용서를 받기만 하면 된다.

당신이 예수 그리스도께 마음을 연 적이 없다면 지금 이 기도를 드리도록 권하고 싶다.

하나님, 나는 당신이 나를 창조하신 것을 압니다. 당신의 사랑을 받고 또 당신을 사랑하도록 당신이 나를 지으셨습니다. 오늘 나는 내 계획에 등을 돌리고, 내 삶에 대한 당신의 뜻을 향해 방향을 돌리고 싶습니다. 제발 나의 죄를 용서해주십시오. 지금까지 나는 당신에게 등을 돌린 채 당신의 생각을 무시하며 행동해왔기 때문입니다.

당신이 나와 관계 맺기를 원하시고 내 삶의 세세한 부분까지

2. 당신을 향한 하나님의 꿈을 찾으라

관심을 갖고 계시다니 참 놀랍습니다. 그러나 무엇보다도, 예수님이 나를 위해 죽으시고 나의 죄값을 치르기 위해 이 땅에 오셨다니 그저 놀라울 뿐입니다. 나는 이 모든 것을 아직 다 이해하지는 못해도 당신에게 '예'라고 말합니다! 내가 당신을 사랑하고 신뢰하며 믿음으로 당신을 따르는 법을 배우도록 도와주십시오. 이제부터는 나의 삶을 향한 당신의 꿈을 추구하길 원합니다. 내가 그 방법을 아는 만큼 나의 삶을 당신께 맡깁니다. 예수님의 이름으로 기도합니다. 아멘.

당신이 방금 이 기도를 드렸다면 나에게 그 사실을 알려주길 바란다. Rick@PastorRick.com으로 이메일을 보내 당신이 그리스도를 믿기로 결심한 것에 대해 알려달라. 그러면 당신의 삶을 향한 하나님의 꿈을 추구하는 일을 시작하도록 돕는 자료를 무료로 보내주겠다.

| 하나님과 홀로 있는 시간을 가져라 |

당신이 하나님 음성을 듣고 싶다면 주변 소음을 잠재워야 한다. 성경은 하나님이 세미한 음성으로 말씀하신다고 하니 미친 듯한 삶의 회오리바람 속에서는 그 음성을 들을 수 없다.

하나님의 꿈을 마음속에 그리려면 TV를 끄고 모든 장치에서 연결을 끊어야 한다. 하나님 음성을 경청하면서 동시에 좋아하는 동영상 프로그램을 몰아서 볼 수는 없다. 당신이 하나님의 말씀을 들은 적이 없는 이유는 홀로 조용한 시간을 가진 적이 없기 때문일 수 있다. 항상 무언가가 바쁘게 돌아가고 있어서다. 하나님이 끼어드실 수 있도록 그분과 홀로 있는 시간을 확보해야 한다.

욥기 37장 14절은 이렇게 말한다. "이것을 듣고 가만히 서서 하나님의 오묘한 일을 깨달으라." 당신을 돌아보라. 일상에서 잠시 멈추고 하나님에게 귀 기울인 때는 언제가 마지막이었는가?

당신이 하나님 음성을 듣고 싶다면 날마다 시간을 떼어놓고 하나님 말씀을 읽고 공부할 필요가 있다. 조용한 시간 동안 당신은 멈추고, 듣고, 하나님이 당신의 삶에서 행하는 일을 묵상하라. 당신은 기도로 하나님께 말하고, 하나님은 성경을 통해 당신에게 말씀하시는 시간이다. 이를 위해 날마다 시간을 내는 것이 좋다. 그런데 1년에 적어도 하루를 따로 떼어내어 홀로 하나님과 함께하면서 "내가 어디로 가길 원하시는지요? 내가 무엇을 하길 원하시는지요?" 하고 묻는 것도 좋다. 그날

2. 당신을 향한 하나님의 꿈을 찾으라

은 기도하고, 생각하고. 글을 쓰고, 목표와 우선순위를 정하고, 내 삶을 향한 하나님의 꿈을 추구하고 있음을 확실히 하고 경로 수정을 하는 날이다.

당신이 70세까지 산다면 25,567일을 사는 셈이다. 그 많은 날 중에 1년에 하루씩 떼어놓고 남은 생애 동안 하나님이 당신에게 원하시는 일을 발견하는 것은 무척 의미 있는 일 아닐까?

} 당신의 능력을 평가하라 |

하나님이 당신을 어떻게 만드셨는지를 살펴봐도 하나님의 뜻을 발견할 수 있다. 그분이 당신에게 어떤 재능, 능력, 경험, 영적 은사 그리고 개성을 주셨는가? 이런 것은 하나님의 뜻에 따라 나아갈 방향을 보여주는 실마리들이다. 당신이 이런 은사들을 사용하길 원치 않으셨다면 하나님이 왜 이런 것을 주시겠는가? 그건 낭비일 것이다.

성경은 이렇게 말한다. "각 사람은 은사를 받은 대로 하나님의 여러 가지 은혜를 맡은 선한 관리인으로서 서로 봉사하십시오"벧전 4:10, 새번역. 달리 말해, 당신은 섬기기 위해 구원받은 것이다. 이것이 '사역'ministry이란 말의 뜻이다. 하나님 영광을 위해 다른 사람들을 도우려고 당신의 재능과 은사를 사용하는 것이 곧 사역이다.

에베소서 2장 10절은 이렇게 말한다. "우리는 하나님의 작품입니다. 선한 일을 하게 하시려고, 하나님께서 그리스도 예수 안에서 우리를 만드셨습니다. 하나님께서 이렇게 미리 준비하신 것은, 우리가 선한 일을 하며 살아가게 하시려는 것입니다"새번역. 여기서 '작품'으로 번역된 헬라어 '포이에마'*poiema*에서 'poem'(시)이란 단어가 나왔다. 마치 시처럼 당신 인생에는 진정 운율과 이유가 있다. 당신이 남들과 나누도록 되어 있는 당신의 인생 메시지가 있다. 다른 번역판NLT은 "우리는 하나님의 걸작입니다"We are God's masterpiece라고 옮긴다. 당신은 특정한 목적을 위해 맞춤제작으로 만든 독특한 예술 작품이다. 당신과 똑같은 사람은 아무도 없고, 다른 누구도 당신에게 주어진 목적을 이룰 수 없다.

참된 성취는 하나님이 의도하신 사람이 되는 데서 온다. 그러므로 스스로 이런 질문을 던져보라. "나는 무엇을 잘하는가? 나는 무엇을 하길 좋아하는가? 나는 무엇에 열정을 느끼는가? 나는 무엇을 할 때 활력이 생기는가? 남들은 내가 무엇을 잘한다고 말하는가? 어떤 기술이 내 성격에 잘 맞는가? 내가 이룬 가장 성공적인 업적은 무엇인가? 하나님은 그분의 목적을 위해 이런 능력을 어떻게 사용하실 수 있을까?" 이런 질문에 답하기 위해 하루를 떼어놓는 것도 좋다. 이에 대한 답변들은 당신의 삶을 향한 하나님의 꿈에 이르는 길을 가리킬 것이다.

| 경건한 꿈쟁이들과 어울려라 |

자기 인생을 향한 하나님의 꿈을 찾으려고 애쓰는 사람들과 함께 시간을 보내라.

중립적인 친구 같은 것은 없다. 당신과 가장 가까운 사람들은 당신이 하나님의 꿈을 찾도록 도와주거나 방해할 것이므로 친구들을 신중하게 선택해야 한다. 가까운 친구가 하나님의 꿈을 찾는 걸 만류하는 바람에 그 꿈을 놓친 사람들을 나는 많이 보았다.

꿈과 낙심은 모두 전염성이 있다. 이 때문에 당신이 교회 가족 안에 있고 하나님의 뜻을 추구하는 사람들에게 둘러싸이는 것이 중요하다. 성경은 "철이 철을 날카롭게 하는 것 같이 사람이 그의 친구의 얼굴을 빛나게 하느니라" 잠 27:17 라고 말하고 또한 "나쁜 동무가 좋은 습성을 망칩니다" 고전 15:33, 새번역 라

고 말한다. 당신이 자기 삶을 향한 하나
님의 꿈을 따르고 싶다면 그것을 발견하
도록 도울 경건한 친구들이 필요하다.

꿈과 낙심은 모두
전염성이 있다.

　그와 동시에, 당신이 결혼했다면 꿈
의 일부에는 배우자(그리고 자녀들)도 포함될 것이다. 하나님은
당신이 가족을 무시하고 혼자 떠날 수 있는 그런 꿈을 주지
않으실 것이다. 하나님의 꿈은 당신에게 가장 가까운 사람들
에게도 인정을 받을 것이다.

| 당신의 꿈을 공개하라 |

　첫째, 당신은 꿈을 마음속에 그린 후 "하나님이 내 삶을
통해 이루길 원하시는 것은 이것이라고 믿는다" 하고 선언하
면서 그 꿈을 말로 표현하라. 당신의 꿈을 다른 이들에게 드러
내는 일은 당신의 믿음을 보이고 그들 역시 하나님이 그리시는
계획의 일부가 되도록 격려하는 행위다.

　이것은 이론이 아니다. 내 삶에서 이 부분이 어떻게 작동
했는지를 말해볼까 한다. 1980년 3월 30일, 나는 새들백교회
에서 첫 설교를 했다. 내 나이 25세였다. 60명 앞에 서서 나는
우리 회중을 위해 하나님이 나에게 주신 꿈을 전달했다.

이 꿈은 상처받은 사람, 절망한 사람, 낙심한 사람, 우울한 사람, 좌절한 사람 그리고 혼란스러운 사람이 사랑, 용납, 도움, 용서, 인도, 격려 그리고 지지를 찾을 수 있는 장소에 관해 내가 꾼 꿈입니다.

이 꿈은 캘리포니아 남부 오렌지카운티의 주민 수십만 명과 더불어 삶을 바꾸시는 예수 그리스도에 관한 좋은 소식을 나누는 꿈입니다.

이 꿈은 2만 명의 성도들이 함께 사랑하고, 배우고, 웃고, 조화롭게 살아가며 세상에서 하나님의 사랑을 본받는 교회 가족의 교제권에 참여하게 하는 꿈입니다.

이 꿈은 성경공부, 소그룹, 수련회, 세미나 그리고 그리스도를 닮아가고 인생 목적을 이루게 돕는 도구들로 제자훈련하여 성도들이 영적으로 성숙해지며 잠재력을 충분히 발휘하게 하는 꿈입니다.

이 꿈은 성도들이 하나님에게 각자 받은 은사와 재능을 발견하도록 도와 모든 성도가 우리 교회를 통해 자신의 사역을 수행하도록 준비시키는 꿈입니다.

이 꿈은 우리 교회 성도 수천 명을 각 대륙에 선교사로 파송하고, 그들이 자신의 삶을 통해 세상에서의 선교를 담당하도록 무장시키는 꿈입니다.

이 꿈은 세계 전역에 걸쳐 교회 지도자들과 선교사들을 훈련하는 꿈입니다. 그리고 해마다 적어도 한 개의 새로운 지부 교회를 설립하는 꿈입니다.

이 꿈은 약 6만 평의 땅에 수천 명을 수용하는 예배당, 상담과 기도 공간을 제공하는 사역 센터, 성경공부와 훈련을 위한 교실들, 야외 레크리에이션 구역 등 아름답고 효율적인 시설을 갖춘 큰 교회 캠퍼스를 짓는 꿈입니다. 이 모든 시설은 전인—영적, 정서적, 육체적, 사회적 인간—을 대상으로 사역하도록 설계될 것이고, 그 시설들은 아름다운 꽃, 푸른 잔디와 나무, 소풍 지역, 물보라로 빛나는 분수, 세례용 풀을 포함해 영혼을 상쾌하게 하는 풍경을 갖춘 국립공원 환경에 위치하게 될 것입니다. 우리는 성도들이 교회에 도착할 때 편안함을 느끼길 바랍니다.

오늘 나는 여러분 앞에 서서 이 모든 꿈이 실현될 것을 자신 있게 말씀합니다. 왜 그럴까요? 이 꿈들은 하나님의 영감을 받은 것이고 그분의 영광을 위한 것이기 때문입니다!

오늘날 이 모든 꿈은 문자 그대로, 아니 그 이상 실현되었

2. 당신을 향한 하나님의 꿈을 찾으라

다. 오직 하나님만 그렇게 하실 수 있었다. 오직 하나님만 그런 대담한 꿈을 나에게 주실 수 있었다. 그날 나는 무서워서 죽을 것 같은 상태로 집으로 갔다. '내가 도대체 무슨 일을 했지? 왜 그 꿈을 비밀로 간직하지 않았을까?'

하지만 만일 그 꿈을 비밀로 했더라면, 나는 절대 시작하지도 못했을 테고 아무도 그 기적을 목격하지도 못했을 것이다. 실패의 두려움 때문에 하나님이 원하신 일을 하지 못했을지도 모른다.

꿈을 공개적으로 밝혀야 하는 이유는 세 가지다.

첫째, 그 꿈으로 당신을 이룩하게 하기 때문이다. 더 이상 지연할 수 없다. 일단 그 꿈을 발표하면 그것을 실행하고 추진해야 한다는 책임이 당신에게 주어진다.

둘째, 다른 사람들의 지지를 이끌어내기 때문이다. 왜 그런가? 큰 꿈은 다른 이들도 같은 꿈을 꾸도록 감동을 준다. 내가 꿈을 발표하는 순간 사람들도 거기에 참여하길 원했다. 하나님에게서 온 꿈은 당신이 알지 못하는 사람들까지 그 꿈을 실현하도록 돕기 위해 자신의 기술, 자원, 지혜, 열정 그리고 에너지를 공유하게 할 수 있다.

당신의 꿈을 공개적으로 드러내야 하는 셋째 이유는 그것이 하나님의 능력을 드러내기 때문이다. 믿음으로 배 바깥으로 발을 내딛고 물 위를 걷기 시작하면 하나님이 당신을 붙잡아 주신다. 성경은 "여러분을 부르시는 분은 신실하시니, 이 일을 또한 이루실 것입니다" 살전 5:24, 새번역라고 말한다. 당신도 이 말씀에 인생을 걸 수 있다!

꿈꾸기 시작하라

당신이 일단 자기 삶을 향한 하나님의 꿈을 발견하면 삶 전체를 그 꿈을 중심으로 정리해야 한다. 하나님의 꿈을 이루는 일보다 더 중요한 것은 없다. 그분이 당신을 창조하신 이유다. 사도 바울은 이렇게 말했다. "내가 달려갈 길과 주 예수께 받은 사명 곧 하나님의 은혜의 복음을 증언하는 일을 마치

> 하나님의 꿈을 이루는 일보다 더 중요한 것은 없다.

려 함에는 나의 생명조차 조금도 귀한 것으로 여기지 아니하노라" 행 20:24. 위대함의 비결은 한 우물을 파는 것이다. 오늘날 세상에 필요한 것이기도 하다. 자기 인생에서 기꺼이 하나님의

꿈을 우선시하려는 그들은, 헌신적이고 확신하며 인격을 갖춘 자들이며 그리스도를 위한 영웅들이다. 비범한 사람들이란 자신을 비범한 꿈에 바치는 평범한 사람들을 말한다.

지금 당장 이런 질문을 자신에게 던져보라. 하나님은 왜 나를 이 땅에 두셨을까? 하나님은 왜 역사상 지금 이 시대에 나에게 특별한 열정과 능력을 주셔서 이 영역에 나를 두셨을까? 내 인생을 하나님께 완전히 드린다면 그분은 나의 삶을 통해 무엇을 하실 수 있을까? 인생의 의미와 목적과 중요성은 이런 질문들에 대한 답변에서 찾을 수 있다.

당신이 꿈꾸는 일을 시작하기 전에는 아무것도 일어나지 않는다. 나는 감히 당신에게 하나님을 위해 큰 꿈을 꾸라고 도전하고 싶다.

3

행동하기로
결심하라

그런 사람은 주님께로부터 아무것도 받을 생각을 하지 마십시오.
그는 두 마음을 품은 사람이요, 그의 모든 행동에는 안정이 없습니다.

야고보서 1:7-8, 새번역

꿈이란 것은 일어나 행동으로 옮기기 전에는 아무런 가치가 없다. 믿음의 결정 단계를 거치기 전에는 당신의 삶을 향한 하나님의 꿈을 결코 성취하지 못할 것이다.

성경의 영웅들은 담대한 의사결정자들이었다.

- 하나님은 노아에게 세계를 홍수에서 구원하라는 꿈을 주셨다. 그러나 노아는 이를 위해 방주를 짓겠다는 결심을 해야 했다.
- 하나님은 아브라함에게 큰 민족의 아버지가 되는 꿈을 주셨다. 그러나 아브라함은 편안하고 안전한 집을 떠나 미지의 땅으로 들어가겠다는 결심을 해야 했다.
- 하나님은 모세에게 이스라엘 자손을 사백 년에 걸친 노예

상태에서 이끌어내겠다는 꿈을 주셨다. 그러나 모세가 바로와 대면하겠다는 결심을 해야 했다.

- 예수님은 그분의 사역에 합류하도록 제자들을 부르셨다. 그러나 그들은 자기 생업을 떠나 그분을 따르겠다는 결심을 해야 했다.
- 예수님은 자신과 함께 물 위를 걷도록 베드로를 부르셨다. 그러나 베드로는 배 바깥으로 나가 기적 속으로 들어가겠다는 결심을 해야 했다.

결정 단계에서 당신이 할 일은 두 가지다. 첫째, 당신은 투자해야 한다. 하나님의 꿈을 추구하는 데 도움이 되는 일에 시간, 돈, 명성, 에너지를 투자하기로 결심해야 한다. 당신은 변명을 그만두고 뛰어들어야 한다. "하나님, 더 이상 미루지 않겠습니다. 말씀하시는 대로 하겠습니다"라고 말할 때다.

둘째, 안전감을 내려놓는 것이다. 당신이 과거를 붙잡고 있는 동안에는 믿음으로 전진할 수 없다. 공중 곡예사를 보면 이것이 무슨 의미인지 알 수 있다. 그녀는 몸을 흔들며 한 막대로 나아간 후 그다음 막대를 잡기 위해 이전 막대를 포기하고 다른 쪽으로 흔들며 나아간다. 막대들은 멀리 떨어져 있으므로 동시에 잡을 수 없다. 어느 지점에서 첫째 막대에 의지했던 안전장치를 놓고 어느 것도 잡지 않은 채 순식간에 공중으로 몸을 날린다.

당신의 경력 중 어느 시점에, 한 직업을 그만두고 다른 직업을 찾는 동안 그 중간에 아무것도 없었던 적이 있는가? 그것은 마치 아래쪽에 안전그물 없이 30미터 높이에 홀로 던져진 느낌이었을 것이다. 그런 상황에서 이전 생활이 주던 안전감을 포기하고 하나님이 원하시는 비전을 붙잡지 않는다면, 당신은 몸을 흔들며 다시 옛 방향으로 되돌아갈 뿐이다. 그렇다고 완전히 되돌아가는 것도 아니다. 당신은 점점 더 낮은 쪽으로 흔들리다 결국 탄성을 잃게 되고, 겨우 매달려 있다가 아래로 떨어지는 수밖에 없다. 다음 단계로 가기 위해 잠시 안전지대를 벗어나야 했던 공중 곡예사처럼, 당신의 꿈을 붙잡기 위해서는 당신의 안전감을 포기하기로 결심해야 한다.

결정 단계에 이르렀다고 해서 빨리 결정을 내려야 하는 것은 아니다. '올바른' 결정을 내리는 것이 중요하다. 빠른 결정

> 결정 단계에서는 빠른 결정보다는 '올바른' 결정을 내리는 것이 중요하다.

3. 행동하기로 결심하라

은 쉽기 때문에 대개 잘못된 결정을 내리는 경우가 많다. 올바른 결정을 내리려면 많은 지혜가 필요하다. 그래서 지혜로운 결정을 내리는 데 필요한 간단하고 쓸모 있고 성경적인 계획을 알려주려 한다. 당신의 경력, 교육, 인간관계, 재정, 건강, 자녀들 또는 당신의 미래 등 어떤 문제든 간에, 하나님의 말씀에는 지혜로운 결정을 내리도록 도울 수 있는 원리가 있다. 그리고 이러한 각 원리는 하나님의 꿈을 향해 여러분을 인도할 질문으로 이어진다.

제1원리: 하나님께 인도해달라고 기도하라

다른 것을 행하기에 앞서 하나님의 관점으로 볼 수 있도록 기도하라. 성경은 "너희 중에 누구든지 지혜가 부족하거든 모든 사람에게 후히 주시고 꾸짖지 아니하시는 하나님께 구하라 그리하면 주시리라"약 1:5라고 말한다. 당신을 향한 하나님의 꿈이라고 생각한다면 당연히 그분께 꿈을 이루는 법을 여쭤보는 것이 좋다.

잠언 28장 26절은 "자기의 생각만을 신뢰하는 사람은 미

련한 사람이지만, 하나님의 지혜를 사용하는 사람은 안전하
다"The Living Bible, TLB라고 한다. 당시에는 최선이라고 생각했으
나 결국 어리석은 결정으로 드러난 적이 있는가? 당신에게는
단순한 직관이나 직감보다 더 큰 뭔가가 필요하다. 결정의 기
반이 될 절대 진리가 필요하다. 그리고 하나님의 인도가 필요
하다.

성경은 "지혜를 얻은 자와 명철을 얻은 자는 복이 있[다]"
잠 3:13라고 말한다. 지혜를 얻으려면 그것을 찾아야 한다. 명철
을 얻으려면 그것을 위해 노력해야 한다. 그러면 어떻게 지혜
를 찾고 명철을 얻을 수 있을까?

첫째, 하나님의 말씀을 읽어라. 성경을 자세히 살펴보라.
당신의 삶을 향한 하나님 뜻의 상당 부분을 성경에서 발견할
수 있다. 하나님이 이미 말씀하신 내용 가운데 당신의 상황에
적용할 것은 무엇인가? 당신이 하나님의 말씀을 더 많이 알수
록 그분의 생각을 더 잘 알게 된다.

둘째, 마음속에 속삭이는 하나님의 세미한 음성을 들어라.
하나님의 음성은 평화의 목소리다. 성경은 "그리스도의 평강
이 너희 마음[결정]을 주장하게 하라"골 3:15라고 말한다.

하나님은 당신을 인도하고 싶어 하신다. 당신의 의사결정

을 돕고 싶어 하신다. 그분은 당신이 성공하길 원하신다. 그러므로 "하나님은 이 결정에 대해 무슨 말씀을 하실까?" 하고 여쭤보라.

제2원리: 사실을 수집하라

믿음과 사실 사이에는 모순이 없다. 결정을 내리기 전에 가능한 한 모든 것을 파악하는 게 현명하다. 잠언 13장 16절은 "무릇 슬기로운 자는 지식으로 행하거니와"라고 한다.

나는 새들백교회를 시작하기 전에 오렌지카운티를 조사하는 데만 6개월을 보냈다. 여러 조사와 함께 인구통계학을 연구했다. 인구 구조를 공부했다. 그 지역에서 일하는 목사들에게 편지를 썼다. 집집마다 다니며 인터뷰를 진행했다. 여섯 달에 걸친 연구 끝에 나는 그 꿈을 추구하기로 결심했다.

누군가는 "당신은 왜 그렇게 추가 작업을 했는가? 왜 그냥 믿음으로 움직이지 않았는가?" 하고 물을 것이다. 성경이 이렇게 말하기 때문이다. "사연을 듣기 전에 대답하는 자는 미련하여 욕을 당하느니라." 또는 "사실을 알기 전에 결정한다는 것은 부끄러운 일이다. 그렇다. 어리석은 일이다!"^{잠 18:13, TLB}.

많은 새 사업이 실패하는 이유는 무지(無知)한 열정 때문이다. 누군가는 어떤 사업을 시작할 "대단한 아이디어"를 갖고 있으나 사실을 세심하게 수집하지 않는다. 많은 부부관계가 실패하는 것도 무지한 열정 때문이다. 그들은 사랑에 빠져 있다고 생각하지만 엄연한 사실을 직면하지 않는다. 그들의 결정은 순전히 느낌에 좌우된다.

그러면 해결책이 무엇인가? "내가 이 결정을 내리기 전에 알아야 할 필요가 있는 것은 무엇인가?" 하고 물어야 한다. 이어서 사실을 수집하기 위해 필요한 일을 하라.

제3원리: 조언을 구하라

비슷한 결정을 내린 적이 있는 사람에게 얘기하라. 당신의 강점과 약점을 아는 친구들에게 말해보라. 하나님의 말씀을 알고 스스럼없이 당신에게 진리를 말해줄 사람들에게 지혜로운 상담과 기도 지원을 받으라. 잠언 24장 6절은 "너는 전쟁하기에 앞서 전략을 잘 세워라. 승리는 전술적인 조언을 많이 받는

3. 행동하기로 결심하라

데 있다"^{현대인의성경}라고 말한다.

당신은 또한 성경에서도 지혜로운 조언을 찾을 수 있다. 로마서 15장 4절은 "무엇이든지 전에 기록된 바는 우리의 교훈을 위하여 기록된 것"이라고 한다. 성경은 놀랄 만한 인생 교훈을 배운 사람들의 이야기로 가득 차 있다. 좋은 이야기와 나쁜 이야기가 다 들어 있다. 예컨대, 요나를 보라. 그는 하나님의 분명한 계획을 알았던 사람인데도 도망치려고 결심했다. 요나는 몇 가지 실수를 저질렀으나 몇 가지 옳은 일도 했다. 좋은 소식은 우리가 요나의 삶에 드러난 좋은 경험과 나쁜 경험 둘 다로부터 배울 수 있다는 것이다.

자기가 경험해서 배우는 것도 현명하지만 남들의 경험으로부터 배우는 것이 더 지혜롭다. 모든 것을 개인적 경험에서 배울 만큼의 시간은 없기 때문이다. 또한, 내 인생에는 모든 실수를 다 저지르고 회복할 만한 시간도 없다. 당신도 마찬가지다. 당신은 남의 성공에서도, 실패에서도 배울 수 있다. 당신이 지혜롭다면 모든 것을 직접 배우려고 하진 않을 것이다. 오히려 남들에게 조언을 구하고 그들의 경험에서 배우려고 할 것이다. 그리고 그것이 훨씬 덜 고통스러운 방식임을 알기 바란다.

문제는 우리가 실제로 현명하기보다 현명하게 '보이고' 싶어 한다는 것이다. 우리는 조언을 구하면 어리석어 보인다고 생각한다. 하지만 겸손과 지혜는 함께 가는 법이다. 당신이 조언을 구하지 않는다면 에고ego의 문제가 있다. 성경은 "그들[교만한 자들]의 마음은 무뎌 분별력을 잃었[다]"시 119:70, 새번역라고 말한다. 그들이 우둔한 이유는 배우기를 꺼리기 때문이다.

> 실제로 현명하기보다 현명하게 '보이고' 싶어 한다는 것이 우리의 문제다.

당신이 다른 사람에게서 배우지 않는다면 인생에서 결코 성공하지 못할 것이다. 잠언 20장 18절은 "계획을 세우기에 앞서 먼저 다른 사람의 조언을 듣고, 전쟁하기에 앞서 먼저 지혜로운 전략가들의 지도를 받아라"현대인의성경라고 한다.

남들로부터 배우고 경건한 꿈쟁이를 찾을 수 있는 최상의 장소 중 하나가 지역교회다. 당신이 교회와 연결되어 있지 않다면 한 교회를 찾는 것이 좋다. 가능하면 당신이 사는 지역에서 찾아보라. 그렇지 않으면 온라인으로 한 교회에 참여할 수 있다. 나 홀로 그리스도인이란 존재하지 않는다. 당신에게는 교회 가족이 필요하다.

그러므로 스스로 낮추고 "내가 누구와 얘기하고 조언을

3. 행동하기로 결심하라

구할 수 있을까?” 하고 자문해보라.

제4원리: 비용을 계산하라

모든 결정에는 하나같이 가격표가 달려 있다. 각 결정은 당신의 시간, 돈, 에너지, 평판, 재능 그리고 자원을 요구할 것이다. 언제나 투자할 것은 있는 법이다. 잠언 20장 25절은 이렇게 말한다. “경솔하게 ‘이것은 거룩하다’ 하여 함부로 서원하여 놓고, 나중에 생각이 달라지는 것은, 사람이 걸리기 쉬운 올가미이다”새번역. 신중하게 생각하지 않고 결정하는 것, 곰곰이 생각하지 않고 약속하는 것, 먼저 비용을 고려하지 않고 헌신하는 것도 하나의 올가미다.

사람들이 당신에게 결정하도록 압박할 때는 “나중에 다시 연락할게요”라고 해도 괜찮다. 빠른 결정은 ‘올바른’ 결정을 내리는 것만큼 중요하지 않다. 그리고 올바른 결정은 올바른 정보에 근거한 결정이어야 한다.

여기에 인생 법칙이 있다. 안으로 들어가기가 밖으로 나오기보다 더 쉽다. 빚지는 것이 빚을 갚는 것보다 쉬운가? 관계

맺는 것이 관계를 끊는 것보다 쉬운가? 스케줄을 채우는 것이 스케줄을 실행하는 것보다 쉬운가? 물론이다. 그렇기 때문에 비용을 계산해야 한다.

예수님은 이렇게 말씀하셨다. "너희 중의 누가 망대를 세우고자 할진대 자기의 가진 것이 준공하기까지에 족할는지 먼저 앉아 그 비용을 계산하지 아니하겠느냐? … 또 어떤 임금이 다른 임금과 싸우러 갈 때에 먼저 앉아 일만 명으로써 저 이만 명을 거느리고 오는 자를 대적할 수 있을까 헤아리지 아니하겠느냐?" 눅 14:28, 31

결정에는 가격표가 달려 있다. 당신은 결정을 내릴 때마다 "그만한 가치가 있는가?"라고 물어야 한다.

제5원리: 문제를 대비하라

머피의 법칙을 기억할 것이다. "잘못될 수 있는 일은 잘못될 것이다." 문제는 피할 수 없는 법이다. 그것이 인생의 일부라서 그렇다! 예수님조차 "너희는 세상에서 환난을 당할 것이다" 요 16:33, 새번역라고 말씀하셨다. 당신이 문제를 무시할 수 없는 것은 문제가 당신을 무시하지 않기 때문이다. 당신은 문제에 대비해야 한다. 성경은 "슬기로운 자는 재앙을 보면 숨어 피[한다]" 또는 "신중한 사람은 난관을 미리 보고 그것을 대비한다"잠 22:3, TLB라고 말한다.

대비하는 과정에서는 최선을 기대하되 최악을 대비하라. 하나님의 꿈을 추구할 때 그분이 당신을 인도하시기를 기대하라. 그러나 다가오는 문제를 대비하기도 해야 한다. 모든 좋은 생각에도 잘못된 부분이 있다. 그렇다고 그것을 외면하고 실행하지 말라는 뜻은 아니다. 단지 그 사실을 알고 미리 준비할 필요가 있다는 뜻이다.

잠언 27장 12절에서 솔로몬 왕은 똑같은 말을 했다. "슬기로운 자는 재앙을 보면 숨어 피하여도 어리석은 자들은 나가다가 해를 받느니라." 지혜로운 사람은 모든 결정에는 문제될 부분이 있다는 것을 알고 그것을 대비한다.

의사결정과 문제해결을 혼동하지 말라.

문제를 대비하는 것과 문제를 해결하는 것은 매우 다르다. 의사결정과 문제해결을 혼동하지 말라. 양자는 별개이다. 만일 당신이 결정을 내리기 전에 모든 문제를 풀어야만 한다면 전혀 진전이 없을 것이다. 믿음의 결정 단계에서, 당신은 문제를 대비하지만 모든 문제를 미리 해결하려고 하지는 말라.

1961년 케네디 대통령이 60년대가 끝날 때까지 미국은 사람을 달에 착륙시키겠다고 했을 당시에는 달에 도달하는 데 필요한 과학기술이 아직 존재하지 않았다. 그 가운데 일부는 아예 생각도 떠올리지 못한 상태였다! 나사NASA가 위험을 계산하고 문제에 대비했지만, 결정이 내려지기 전에 모든 문제를 해결하지는 못했다. 결정이 내려지고 나서야 비로소 문제를 해결하기 시작했다.

우리 부부가 새들백교회를 시작했을 때는 돈과 교인과 건물, 어느 것 하나도 없었다. 하지만 그 때문에 멈출 수는 없었다. 우리는 여러 문제를 알고 있었으나 시작하기 전에 모든 문제를 해결한 것은 아니다.

성경은 "바람이 그치기를 기다리다가는 씨를 뿌리지 못한다. 구름이 걷히기를 기다리다가는 거두어들이지 못한다"전 11:4, 새번역라고 말씀한다. 완벽주의는 진보의 적이다. 지연만 낳을 뿐이다. 또한, 잠재력을 마비시킨다. 진실을 직면하라. 완벽한 조건은 절대 우리 앞에 나타나지 않는다. 언제나 '아니오'라고 말할 이유가 있기 마련이다. 그러나 거절해야 할 이유가 있다고 해서 긍정할 때가 아니라는 뜻은 아니다.

거절할 이유가 없다면 사실 당신에게 어떤 믿음도 필요하지 않을 것이다. 믿음이 없이는 하나님을 기쁘시게 할 수 없다. 어떤 필요가 생길 때는 하나님이 공급하신다. 그분은 당신이 하나님을 의존하길 원하신다. 먼저 모든 문제를 해결하려고 하지 말라. 일단 당신이 움직이기 시작하면 해답이 찾아오기 시작한다.

그러므로 "문제가 생길 수도 있다. 그래도 나는 준비가 되어 있는가?"라고 물어보라.

제6원리: 두려움을 직면하라

두려움은 모든 우유부단의 뿌리에 있다. 실수할 것이란 두려움, 실패하리라는 두려움, 당황스러운 상황을 맞이할 수 있다는 두려움, 누군가가 당신을 비웃거나 버릴 것이란 두려움, 당신을 향한 하나님의 꿈이 실현되지 않을 것이란 두려움 등이 몰려온다. 우리가 결정을 내리지 못하게 막는 것은 언제나 이런 두려움이다. 우리는 두렵다는 것을 인정하지 않으려고 이런 저런 변명을 늘어놓는다.

- 아브라함이 말하기를 "나는 너무 늙었어요".
- 모세가 말하기를 "나는 말할 줄 몰라요".
- 기드온이 말하기를 "나는 싸울 줄 몰라요".
- 이사야가 말하기를 "나는 죄가 너무 많아요".
- 예레미야가 말하기를 "나는 너무 어려요".

당신의 변명거리는 무엇인가?

하나님께는 당신을 향한 꿈이 있다. 당신은 이렇게 말할지 모른다. "나는 시간이 없어요. 돈이 없어요. 교육을 못 받았어요. 연줄이 없어요. 자원이 없어요. 내가 결혼만 했더라면. 내가 결혼만 하지 않았더라면! 내가 나이만 좀 더 들었더라면. 내가 좀 더 젊었더라면." 이러한 두려움 때문에 당신은 하나님이 원하시는 결정을 내리지 못한다.

하나님은 그분의 완전한 뜻을 실현하기 위해 언제나 불완전한 상황에서 불완전한 사람들을 사용해오셨다. 만일 완벽한

3. 행동하기로 결심하라

상태로 준비되길 기다리고 있다면, 그런 당신에게 전할 소식이 있다. 그런 사람은 존재하지 않는다! 삶을 그리스도께 맡기기 전에 완벽한 상황을, 모든 것이 딱 맞기를 또는 어떤 것이 완료되길 기다리고 있다면, 그런 일은 일어나지 않는다. 삶의 기본적인 헌신은 복잡다단한 삶의 한복판에서 내려야 한다. 삶은 계속된다.

두려움에 대한 해독제는 무엇인가? 믿음이다. 로마서 8장 31절은 "하나님이 우리 편이시면, 누가 우리를 대적하겠습니까?"새번역라고 말한다. 하나님을 신뢰하라. 그리고 문제나 두려움이나 의심에도 불구하고 당신의 꿈을 향해 움직이길 시작하라. 얼어붙지 않는 비결은 두려움을 거슬러 움직이고 가장 두려워하는 그 일을 행하는 것이다.

하나님이 당신에게 어떤 꿈을 주셨고 그것이 그분의 뜻임을 알고 있다면, 이제는 결정을 내리고 당신의 두려움을 거슬러 움직여야 할 때다. 홍해가 갈라지는 광경을 보라! 여리고 성벽이 무너지는 광경을 보라! 무덤에서 돌이 굴려지는 광경을 보라! 하나님이 당신 삶에서 기적을 행하시는 광경을 보라.

나 자신에게 뭔가를 행할 믿음이 없을 때, 나는 마치 나에게 그런 믿음이 있는 것처럼 그냥 일어나서 그 일을 행한다. 그러다 보면 이후에 그런 믿음이 생긴다. 크신 하나님에 대한 작은 믿음은 큰 결과를 얻는다.

그러므로 "내가 무엇을 두려워하는가?" 하고 물어보라.

결정을 내려라

당신에겐 내려야 할 결정이 있다. 결정하지 않는 것도 사실은 결정이다. 당신은 그렇게 내린 선택들의 총합이다. 당신의 선택이 당신의 성품을 규정한다. 무엇에 헌신할지 그리고 무슨 결정을 내릴지를 결정해야 한다. 하나님은 당신이 결정을 내리도록 강요하지 않으시고, 당신을 위해 대신 결정을 내리지도 않으신다. 그분은 당신에게 선택할 자유를 주셨다.

당신에게 간청하고 싶다. 당신의 삶으로, 예수님을 위해 뭔가 위대한 일을 하라! 당신의 삶을 낭비하지 말라. 제발 미지근하게 살지 말라. 그냥 밥만 축내는 존재로 살지 말라. 당신의 운명을 좌우할 결정을 내려라.

4

지체되더라도
인내하라

이 묵시는 정한 때가 되어야 이루어진다.
끝이 곧 온다는 것을 말하고 있다. 이것은 공연한 말이 아니니,
비록 더디더라도 그때를 기다려라. 반드시 오고야 만다.
늦어지지 않을 것이다.

하박국 2:3, 새번역

혹시 당신은 하나님의 대기실에 갇혀 있는가?

꿈은 결코 즉시 이루어지지 않는다. 하나님이 왜 당신의 기도에 응답하기 전에 이토록 기다리시는지 의아해한 적이 있는가? 그분이 당신의 기도를 듣고 응답할 능력이 있으시다면 왜 이렇게 지체하시는 것일까? 하지만 믿음으로 하나님을 따라갈 때는 누구나 기다려야 하는 기간이 있다.

- 노아는 방주를 짓기 시작할 때부터 비가 내리기 시작할 때 까지 120년을 기다렸다.
- 아브라함은 약속받은 아들, 이삭이 태어날 때까지 25년을 기다렸다.
- 요셉은 하나님이 자기 운명을 이루실 때를 기다리는 동안

보디발의 집에서 11년간 종살이하고, 감옥에서 2년을 보
냈다.

- 다니엘은 이스라엘이 바벨론 포로 상태에서 벗어나 예루
살렘으로 돌아가는 모습을 보기까지 70년을 기다렸다.
- 예수님조차 사역을 시작하기 전에 목수의 작업실에서 30
년을 기다렸다.

언제나 지체가 있기 마련이다. 지연(遲延) 이야기를 하면
빠지지 않고 등장하는 것이 하나님이 이스라엘 자손을 애굽에
서 이끌어내신 후 약속의 땅에 들어가기 전에 40년 동안 광야
에서 방황하게 하신 사건이다. 애굽에서 이스라엘까지는 걸어
서도 2주 정도밖에 걸리지 않는다. 그런데 그들이 거기에 도달
하는 데는 40년이나 걸렸다. 이스라엘은 도대체 무엇을 하고
있었는가? 하나님은 도대체 무엇을 하고 계셨는가?

성경은 그 지연에 대해 이렇게 말한다. "바로는 마침내 이
스라엘 백성을 내보냈다. 그러나 그들이 블레셋 사람의 땅을
거쳐서 가는 것이 가장 가까운데도, 하나님은 백성을 그 길로
인도하지 않으셨다. 그것은 하나님이, 이 백성이 전쟁을 하게
되면 마음을 바꾸어서 이집트로 되돌아가지나 않을까, 하고 염

러하셨기 때문이다. 그래서 하나님은 이 백성을 홍해로 가는 광야 길로 돌아가게 하셨다"출 13:17-18, 새번역.

하나님의 백성은 그분의 계획에 따라 지체된 것이다. 그들이 전쟁에 나가게 되면 감당할 수 없을 것을 하나님은 아셨다. 그래서 그분은 홍해로 가는 먼 길로 그들을 인도하신 것이다. 그리고 그들이 기적적으로 홍해를 건넌 뒤에는 하나님이 40년 동안 그들로 광야를 두루 방황하게 하셨다.

하나님은 왜 이토록 오래 지연시키시는가? 세 가지 이유가 있다. 때로는 하나님이 우리를 난관으로부터 보호하시려고 지연을 이용하신다. 때로는 우리를 난관에 대비시키려고 지연을 이용하신다. 그리고 때로는 우리를 난관 중에 성숙시키려고 지연을 이용하신다. 성경은 이렇게 말한다. "네 하나님 여호와께서 이 사십 년 동안에 네게 광야 길을 걷게 하신 것을 기억하라 이는 너를 낮추시며 너를 시험하사 네 마음이 어떠한지 그 명령을 지키는지 지키지 않는지 알려 하심이라" 신 8:2.

하나님의 지체에 어떻게 반응하는지가 당신의 성숙도를 가늠하는 척도다. 기다리는 동안 하나님은 당신을 성숙하게 만들어가신다. 버섯이 성장하는 데는 여섯 시간밖에 안 걸린다. 하지만 성숙한 상수리나무가 자라는 데는 무려 60년이 걸린다. 당신은 성장했을 때 버섯이나 상수리나무 중 어느 것이 되고 싶은가? 야고보서 1장 4절은 이렇게 말한다. "여러분은 인내력을 충분히 발휘하여, 조금도 부족함이 없이 완전하고 성숙한 사람이 되십시오"^{새번역}.

당신이 하나님의 대기실에 앉아 있을 때 해서는 안 될 일이 네 가지 있다. "두려워하지 말라. 초조해하지 말라. 기운을 잃지 말라. 잊지 말라." 이것은 불신의 태도를 보여준다. 그리고 지연을 더 길게 할 뿐이다.

두려워하지 말라

삶에서 지체가 생기는 데는 여러 이유가 있지만, 두려움은 우리의 잘못이다. 하나님이 자기 백성을 가나안의 문턱으로 인도하신 후 "저기에 있다! 약속의 땅이다! 이제 너희가 점령하면 된다!"라고 말씀하셨다. 그러나 그들은 거기에 사는 사람들을 두려워해서 그 땅에 들어가지 않으려 했다. 그들이 두려워해서 지체된 것이다.

다른 사람을 두려워하는 것은 하나님의 꿈 실현을 막는 최대 장벽 중 하나다. 성경은 "사람을 두려워하면 올무에 걸리게 되거니와 여호와를 의지하는 자는 안전하리라" 잠 29:25 라고 말한다. 이스라엘은 애굽에서 나올 만큼의 믿음은 있었으나 약속의 땅에 들어갈 만큼의 믿음은 없었다. 그리고 그들은 두려움 때문에 광야에서 갇히고 말았다. 그들이 두려워해서 지체된 것이고, 그리하여 하나님이 광야에서 40년을 더 기다리게 하신 것이다.

혹시 당신은 사람들의 저항을 두려워해서 광야에 갇힌 것은 아닌가? 그들의 의견에 너무 신경 쓰는 바람에 약속의 땅을 점령할 수 없는 것은 아닌가? 두려움은 당신을 광야에 묶어두기 때문에 문제가 된다. 두려움에 사로잡히면 지체되는 기간이 길어진다. 당신의 많은 꿈이 실현되지 못한 것은 아마도 하나님이 아니라 당신 때문일 것이다. 당신이 믿음으로 발을 내딛지 않아서 그랬을 것이다. 당신은 하나님을 기다리고 있다고 생각하지만 실은 하나님이 당신을 기다리시는 중이다.

하나님이 당신에게 주신 꿈을 따라가는 게 두렵다면 하나님의 임재에 초점을 둘 필요가 있다. 그분이 당신과 함께하신다면 누가 당신을 대적하는지는 중요하지 않기 때문이다 롬

4. 지체되더라도 인내하라

8:31. 이사야 41장 10절은 이렇게 말한다. "두려워하지 말라 내가 너와 함께함이라 놀라지 말라 나는 네 하나님이 됨이라 내가 너를 굳세게 하리라 참으로 너를 도와주리라 참으로 나의 의로운 오른손으로 너를 붙들리라." 하나님은 당신을 잊어버리지 않으셨다. 그분은 "내가 결코 너희를 버리지 아니하고 너희를 떠나지 아니하리라"히 13:5라고 약속하셨다. 하나님이 당신과 함께 있지 않을 때가 결코 없으리라는 뜻이다. 그분은 바로 지금 당신과 함께 계신다. 그분은 좋은 날은 물론 나쁜 날에도 당신과 함께 계신다. 당신이 그분의 임재를 느낄 때나 느끼지 못할 때도 함께 계신다. 하나님은 "내가 언제나 너와 함께 있을 것이다"라고 말씀하신다. 하나님이 가까이 계실 때는 두려울 것이 없다. 그러므로 두려워하지 말라! 그 대신 하나님의 임재에 초점을 맞추라. 그분은 항상 당신과 함께 계신다.

두려움에 사로잡히면 지체되는 기간이 길어진다.

당신의 꿈은 지금 지연되는 중일지 모르겠다. 당신이 뭔가를 기도해왔는데 아직 일어나지 않은 상태다. 그래서 하나님이 당신을 잊으신 게 아닌지 의아해하고 있다. 그러나 하나님은 당신을 잊지 않으셨고, 당신은 혼자가 아니다. 그건 계획에 의

한 지연이다. 하나님은 당신이 거쳐 가는 과정을 알고 계신다. 그분은 당신의 성품을 계발하기 원하고, 당신이 그분을 신뢰하는 법을 배우길 원하신다. 당신은 그렇게 곁에 계시는 하나님의 도움을 의지할 수 있다.

성경에는 "두려워하지 말라"는 말이 365번 나온다. 1년 내내 매일 하나씩 나오는 셈이다! 하나님은 당신이 "두려워하지 말라"는 메시지를 포착하길 원하신다. 당신의 기도에 대한 응답은 오는 중이다. 잠잠히 기다리라.

초조해하지 말라

하나님의 대기실에는 이런 표지가 붙어 있다고 나는 확신한다. "초조해하지 말고 믿기 시작하라." 하나님이 우리를 이해하신다는 사실에 기쁘지 않은가? 그분은 우리가 자주 염려한다는 것을 아신다. 사태가 너무 길어지면 스트레스를 받고 불평하길 시작한다는 것을 알고 계신다. 이스라엘 백성이 그랬다.

"… 길로 말미암아 백성의 마음이 상하니라 백성이 하나님과 모세를 향하여 원망하되 어찌하여 우리를 애굽에서 인도해 내어 이 광야에서 죽게 하는가 이곳에는 먹을 것도 없고 물도 없도다 우리 마음이 이 하찮은 음식을 싫어하노라" 민 21:4-5.

조바심은 이스라엘 백성을 약속의 땅에 들어가지 못하게 한 죄 중 하나였다. 하나님이 그들을 위해 무슨 일을 행하셨든지 간에 그들은 항상 염려하고 불평했다. 그들은 여행길에 대해, 지체됨에 대해, 리더십에 대해 불평했다. 물이 없다고 불평해서 하나님은 물을 공급하셨다. 이후 양식이 없다고 불평해 하나님은 양식을 공급하기도 하셨다. 하다 하다 그들은 하나님께 받은 양식을 놓고서 불평하기까지 했다! 이스라엘 백성처럼 우리 역시 기다려야 할 때인데도 불평하기 쉽다.

그러나 염려는 시간 낭비에 불과하다. 사태를 해결하지 않고 그저 초조해하는 것이다. 행동하지 않고 안달하는 것이다. 염려는 흔들의자에 앉아 있는 것과 비슷하다. 많은 에너지를 쓰지만 아무것도 얻지 못한다. 그저 앞뒤로 왔다 갔다 할 뿐이다. 해야 할까, 말까… 그는 할까, 말까… 그들은 그렇게 할까, 안 그럴까… 그저 고민만 할 뿐 진전은 없다.

성경은 이렇게 말한다. "여호와 앞에 잠잠하고 참고 기다리라 자기 길이 형통하며 악한 꾀를 이루는 자 때문에 불평하

지 말지어다 … 오히려 악을 만들 뿐이라"^{시 37:7-8}. 하나님은
당신이 안달하고 긴장하는 것을 원치 않는다. 오히려 차분하게
있기를 바라신다. 초조함은 두려움의 반응이지만, 잠잠함은 믿
음의 행위다.

　하나님은 서두르지 않으시는데 당신이 서두르면 욕구불만
이 생긴다. 하나님은 결코 서두르는 분이 아니다. 그는 절대 늦
지도 않고 이르지도 않다. 언제나 시간을 정확히 지키신다. 하
나님이 일을 빨리 진행하는 데 당신의 도움은 필요 없지만, 당
신의 협력을 원하시고 그분의 타이밍을 신뢰하길 원하신다. 전
도서 3장 11절은 "하나님은 모든 것이 제때에 알맞게 일어나
도록 만드셨다"^{새번역}라고 한다. 이렇듯 하나님의 타이밍은 완
벽하다!

　그래서 성경은 염려하는 대신 이렇게 하라고 권한다. "끝
으로 형제들아 무엇에든지 참되며 무엇에든지 경건하며 무엇
에든지 옳으며 무엇에든지 정결하며 무엇에든지 사랑받을 만
하며 무엇에든지 칭찬받을 만하며 무슨 덕이 있든지 무슨 기림
이 있든지 이것을 생각하라 … 그리하면 평강의 하나님이 너희
와 함께 계시리라"^{빌 4:8-9}. 하나님이 사랑하시는 것들을 생각
하며 시간을 보내면 그분의 평안을 경험할 수 있다.

기운을 잃지 말라

살면서 지체를 겪더라도 낙심하지 말라. 낙담하거나 꿈을 포기하지 말라. 그 대신 하나님을 바라보라. 이사야 40장 31절은 이렇게 말한다. "오직 여호와를 앙망하는 자는 새 힘을 얻으리니 독수리가 날개치며 올라감 같을 것이요 달음박질하여도 곤비하지 아니하겠고 걸어가도 피곤하지 아니하리로다." 낙심하지 않는 사람은 누구인가? 주님을 바라보는 사람이다.

이스라엘 백성이 약속의 땅에 들어가지 못하고 방황한 세 번째 이유는 주님을 기다리지 않고 힘을 얻지 못했기 때문이다. 성경은 이렇게 말한다. "이스라엘 자손이 다 모세와 아론을 원망하며 온 회중이 그들에게 이르되 우리가 애굽 땅에서 죽었거나 이 광야에서 죽었으면 좋았을 것을 … 이에 서로 말하되 우리가 한 지휘관을 세우고 애굽으로 돌아가자 하매"민 14:2, 4. 원망과 불평보다 더 빨리 힘을 고갈시키는 것은 없다.

"그랬다면"if only과 "돌아가자"go back라는 말은 낙담했다는 신호다. "내가 있던 곳에 머물렀다면. 내가 이것이나 저것을 했더라면." 삶을 뒤돌아볼 때 우리는 자책하기 시작한다. "어쩌면 내가 정말로 하나님의 음성을 들은 게 아닐 거야. 어쩌면 내가 이것을 꾸며냈을 거야. 어쩌면 하나님이 듣고 계시지 않을 거야. 어쩌면 그분은 관심이 없을 거야." 이어서 우리는 과거를 이상화하기 시작한다. "우리 애굽으로 돌아가자. 그 좋았던 옛날로." '그 좋았던 옛날'은 실상은 그리 좋지 않았다는 데 문제가 있다. 그 시절은 이미 지나가고 없다. 보통 지나고 나서 보면 실제 모습보다 더 낫게 보인다. 새로운 도전거리 앞에서는 예전의 어려움은 쉽게 잊힌다. 이스라엘 백성은 애굽에서 400년 동안 노예생활을 했는데도 그 생활로 돌아가고 싶어 했다.

어떤 사람들은 자유함에서 오는 두려움을 직면하기보다 오히려 과거 노예상태에서 그냥 살려고 한다. 그들은 문제를 헤치고 나갈 마음이 없다. 오히려 포기하고 과거로 돌아가길 원한다. 그들은 미지근한 상태에 안주한다. 하나님의 최선에 못 미치는 상태에 그냥 만족한다.

낙심하거나 포기하지 말고 인내하며 기도하라. 하나님은 여호수아에게 여리고 성벽 주위를 행진하면 성벽이 무너질 것이라고 말씀하셨다. 그러나 첫 번째 시도에서 그 일은 일어나지 않았다. 이스라엘 백성은 그 성읍 둘레를 7일간 연달아 행진해야 했고, 일곱째 날에는 7번 행진해야 했다. 왜 그렇게 지체되었을까? 왜 첫 번째 행진에서 성벽이 무너지지 않았을까?
하나님은 백성에게 끈기와 기도하는 법을 가르치고 계셨던 것
이다.

성경은 이렇게 말한다. "우리가 선을 행하되 낙심하지 말
지니 포기하지 아니하면 때가 이르매 거두리라"갈 6:9.

씨 뿌리는 것과 거두는 것 사이에는 항상 시간차가 있기
마련이다. 당신은 한 계절에 심고 다른 계절에 거둔다. 꿈이 열
매를 맺도록 기다리는 동안 당신이 계속해서 땅을 갈고 씨를
뿌리는지 하나님은 보고 싶어 하신다. 당신이 정말로 진심으
로 그렇게 하는지 보길 원하신다. 삶에 일관성 있는 모습을 하
나님이 보신다면 당신은 틀림없이 수확하게 된다. 그러나 즉시
그렇게 되지는 않는다. 왜 그런가? 지체가 없다면 성품 계발도
없고 믿음의 확장도 없기 때문이다.

예수님은 우리에게 "항상 기도하고 낙심하지 말아야"눅
18:1 한다고 말씀하셨다. "항상 기도하기"와 "낙심하기"는 당신
이 가진 두 옵션이다. 둘 중 어느 하나를 선택해야 한다. 당신
이 계속해서 기도하면 낙심하지 않지만, 당신이 계속 기도하지
않으면 낙심하게 된다. 끈기 있게 기도하고 기도하는 마음으로
지속해야 한다.

이 셋째 단계(지연)에 이르면 당신은 항상 선택해야 한다. "공포에 떨 건가, 기도할 건가?" panic or pray "주님, 제가 잘 버티고 포기하지 않게 도와주소서"라고 기도하면 두려움이나 초조함, 낙심을 극복할 수 있다.

씨 뿌리는 것과 거두는 것 사이에는 항상 시간차가 있다.

잊지 말라

지체가 더 길어질수록 우리의 기억력은 더 짧아진다. 지연되면 우리가 품은 꿈을 잊기 쉽다. 과거에 경험한 하나님의 선한 손길을 잊는다. 하나님이 우리와 함께 계신 것을 잊는다. 하나님의 능력도 망각한다. 하나님이 우리를 위해 행하셨던 일보다 온통 문제에만 초점을 맞추기 시작한다.

이것이 이스라엘 백성이 광야에서 저지른 네 번째 실수였다. 성경은 우리에게 이렇게 일러준다. "우리의 조상이 이집트에 있을 때에, 주님께서 일으키신 기적들을 깨닫지 못하고, 주님의 그 많은 사랑을 기억하지도 못한 채로, 바다 곧 홍해에서 주님을 거역하였습니다. 그러나 주님께서는 주님의 명성을 위하여, 주님의 권능을 알리시려고 그들을 구원해 주셨습니다. … 그러나 그들은, 어느새 주님이 하신 일들을 잊어버리고, 주님의 가르침을 기다리지 않았습니다"시 106:7-8, 13, 새번역. 하나님이 그들을 축복하신 것(기적들, 많은 사랑, 하신 일들)을 "여러 번" 잊어버렸다고 한 것을 주목하라.

그들의 기억이 얼마나 짧은지 도무지 믿기 어려울 정도다. 하나님이 이스라엘 백성의 자유를 확보하려고 이집트에 열 가지 재앙을 보내셨는데, 불과 며칠이 지난 후 그들이 홍해에서 죽을 것 같은 상황에 처했을 때 그 모든 것을 잊어버렸다. 이후 하나님이 기적적으로 홍해를 갈라놓았고, 그들이 마른 땅 위로 건넜으나 불과 며칠 후 목이 말라 죽을 상황에 처하자 그 모든 것을 잊어버렸다. 이후 하나님이 광야에서 기적적으로 물을 공급하셨으나, 불과 며칠 후 굶주려 죽을 상황에 처하자 그 모든 것을 잊어버렸다. 그들은 하나님이 그들을 위해 행하신 일을 거듭 잊고 있었던 것이다.

이스라엘 백성을 성급하게 판단할 필요는 없다. 우리도 마찬가지니까. 지체가 생기면 우리는 하나님이 우리를 위해 아무것도 행한 적이 없는 듯 행동하기 시작한다. 하나님이 과거에 당신을 위해 선한 일을 행하신 적이 있는가? 물론이다. 그러면 그분이 다시 그런 일을 하신다고 그분을 의지할 수 있다. 그러나 하나님이 새 문제에서 우리를 구해주지 않으실 것처럼 행동한다면, 하나님이 우리를 구해주셨던 다른 모든 시간에 대해서는 잊은 것이나 다름없다.

시편 103편 2절은 "내 영혼아 여호와를 송축하며 그의 모든 은택을 잊지 말라"라고 말한다. 당신은 하나님의 어떤 선한 손길을 잊어버렸는가? 그분이 과거에 당신을 어떻게 도우셨는가? 다음 장으로 이동하기 전에 종이 한 장을 꺼내 하나님이 당신을 위해 이미 행하신 모든 것을 적어보라. 그분은 어떤 기도에 응답하셨는가? 어떤 필요를 채우셨는가? 당신의 어떤 어려움을 극복하도록 도우셨는가? 그 모든 것을 적어보라. 그러면 당신이 오늘 직면하는 문제가 무엇이든지 간에 그것을 극복할 믿음이 생길 것이다. 내가 보장한다.

기다림

하나님이 당신의 꿈을 이루는 데 너무 긴 시간이 걸린다는 생각이 든다면 성경이 말하는 것을 들어보라. "어떤 이들은 주님께서 약속하신 것을 미루신다고 생각하고 있지만 사실은 여러분을 위해서 참고 기다리시는 것입니다"^{벧후 3:9, 공동번역}. 물론 하나님은 이 일을 즉각적으로 처리하실 수도 있지만 더 큰 의제를 위해 일하고 계신다. 해결책을 가져오시기 전에 주님은 당신이 어떤 교훈을 배우길 원하신다. 당신을 구원하시기 전에 성품을 만들어주고 싶어 하신다.

당신은 스스로 준비되어 있다고 생각할지 몰라도 하나님은 그렇지 않다는 것을 아신다. 기다림은 당신이 하나님보다 앞서가지 않도록 막아준다. 기다림은 당신이 그분을 신뢰하도록 가르친다. 그분의 타이밍은 완벽하다는 것과 당신에게는 통제권이 없음을 가르쳐준다.

하나님은 서두르는 법이 없다. 당신 삶에 지체가 생겨도 하나님의 목적이 좌절되는 게 아니다. 오히려 하나님의 목적을 성취한다. 그런 지체는 당신을 더 나은 사람, 즉 예수 그리스도를 더 닮은 사람으로 만든다.

그러면 당신은 하나님께서 무엇을 행하시길 기다리는가? 그분이 문제를 해결하시기를 기다리는가? 기도에 응답하시기를 기다리는가? 재정적, 육체적, 관계적 또는 직업적으로 도저히 길이 없어 보이는 곳에서 길을 만드시기를? 어쩌면 하나님께서 적합한 사람을 데려오시기를 기다리고 있는지도 모른다. 어쩌면 위기를 승리로 바꿔주시길 기다리고 있는지도 모른다. 하나님은 결코 잊지 않으셨다. 지체는 거절이 아니다.

"아니"와 "아직"은 크게 다르다. 많은 경우에 하나님은 "아직"이라 말씀하시는데 우리는 "아니"라고 생각한다. 이 때문에 지연 단계에서 가장 흔한 반응이 의심인 것이다. 우리는 "어쩌면 내가 하나님의 비전을 놓쳤을 거야. 어쩌면 하나님이 마음을 바꾸셨을 거야. 어쩌면 내가 뭔가를 잘못했을 거야"라고 생각하기 시작한다. 하지만 다시 말하건대, 지체는 거절이 아니다. 지체된다고 해서 하나님의 목적이 좌절되지는 않는다.

> 지체는 거절이 아니다.

성경은 이렇게 말한다. "이 묵시는 정한 때가 되어야 이루어진다. 끝이 곧 온다는 것을 말하고 있다. 이것은 공연한 말이 아니니, 비록 더디더라도 그때를 기다려라. 반드시 오고야 만다. 늦어지지 않을 것이다"합 2:3, 새번역.

당신이 두려워하지 않고, 초조해하지 않고, 기운을 잃지 않고, 잊어버리지 않는다면 하나님은 당신의 삶에서 그분의 목적을 이루실 것이다.

*Created to
Dream*

5

난관을 다루는 법

세상에서는 너희가 환난을 당하나
담대하라 내가 세상을 이기었노라.

요한복음 16:33

모든 시련은 하나같이 선생 역할을 한다. 모든 폭풍은 하나의 학교다. 모든 경험은 일종의 교육이다. 모든 난관은 당신의 성숙을 위한 것이다.

우리가 이제까지 다룬 믿음의 단계들을 복습해보자. 첫째 단계에서, 하나님은 삶에서 무엇을 하고 싶은지에 대한 꿈을 당신에게 주신다. 둘째 단계에서, 당신은 그 꿈을 추구하기로 결심한다. 셋째 단계에서는 어쩔 수 없는 지연이 생긴다. 그리고 당신이 더 이상 기다릴 수 없다고 생각할 때 넷째 단계에 접어든다. 난관이다.

예수님은 우리에게 이런 일이 생길 것이라고 알려주셨다. 요한복음 16장 33절에서 "세상에서는 너희가 환난을 당하나 담대하라 내가 세상을 이기었노라"라고 말씀하셨다. 환난은 인생의 일부다. 당신이 난관을 겪을지 말지는 고려 사항이 아니다. 문제는 당신이 어떻게 난관에 반응할 것인가이다. 당신의 반응은 당신의 정서적·영적 성숙도를 드러낸다.

사도 바울이 겪었던 환난을 경험한 사람은 거의 없다. 그는 자신의 환난에 대해 이렇게 말했다.

나는 그들보다 더 열심히 일했고, 그들보다 더 자주 투옥되었고, 매도 셀 수 없을 만큼 많이 맞았고, 죽음의 고비도 여러 차례 넘겼습니다. 유대인들에게 매 서른아홉 대를 맞은 것이 다섯 차례, 로마 사람들에게 매질을 당한 것이 세 차례, 돌로 맞은 것은 한 차례입니다. 세 차례나 배가 난파되었고, 망망한 바다에 빠져 꼬박 하루를 보내기도 했습니다. 해마다 고된 여행을 하면서 여러 개의 강을 건너고, 강도들을 피해 다니고, 벗들과도 다투고, 적들과도 싸워야 했습니다. 도시에서도 위험에 처하고, 시골에서도 위험에 처했으며, 태양이 작열하는 사막의 위험과 폭풍이 이는 바다의 위험도 겪었고, 형제로 여겼던 사람들에게 배신도 당했습니다. 단조롭고 고된 일과 중노동을 겪고, 길고 외로운 밤을 여러 차례 지새우고, 식사도 자주 거르고, 추위에 상하고, 헐벗은 채 비바람을 맞기도 했습니다. 하지만 이 모든 것과 비교조차 할 수 없는 것은 모든 교회로 인해 겪는 곤경과 걱정입니다 고후 11:23-28, 메시지.

바울은 사역하면서 온갖 곤경을 경험했음에도 자기 삶을 향한 하나님의 꿈을 포기한 적이 없었다. 그는 훨씬 큰 관점을 갖고 있었다. 그래서 이런 글을 썼다. "그러므로 우리는 포기하지 않습니다. 어찌 포기할 수 있겠습니까! 겉으로는 우리의 일이 실패로 끝나는 것처럼 보이지만, 안에서는 하나님께서 단 하루도 빠짐없이 은혜를 펼치시며 새로운 생명을 창조하고 계십니다" 고후 4:16, 메시지. 이어서 고린도후서 6장 4절에서 이렇게 말한다. "오히려 우리는 모든 일에 하나님의 진실할 일꾼임을 보이려고 많은 고난과 어려움과 괴로움을 견디며" 현대인의성경. 인내하며 견디는 것이 성공의 열쇠이다.

바울이 겪었던 가장 큰 난관 중 하나가 사도행전 27장에 묘사되어 있다. 바울은 죄수 신분으로 배를 타고 로마로 끌려가고 있었다. 하나님이 바울에게 폭풍이 일 것이라고 알려주셨으므로 그는 선장과 선원들에게 항구를 떠나지 말라고 경고했다. 선장은 조바심을 내어 어쨌든 떠나기로 결정하면서 그들은 곧바로 재앙 속으로 출항하는 꼴이 되었다.

선원들이 항해를 결정했을 때는 세 가지 실수를 범했다. 당신과 나도 종종 이런 실수를 범하다가 곤경에 빠지곤 하는 그런 실수들이다.

첫째, 그들은 나쁜 충고에 귀를 기울였다. 사도행전 27장 11절은 "백부장이 선장과 선주의 말을 바울의 말보다 더 믿더라"라고 말한다. 하나님이 이미 그들에게 가지 말라고 일러줬는데도 '전문가'가 괜찮다고 했다면서 그들은 출항했다. 세상에는 전문가가 많다. 그들은 온갖 토크 쇼와 뉴스에 등장한다. 그러나 만일 하나님이 당신에게 어떤 것을 행하라고 말씀하시고 세상의 모든 전문가가 그분의 말씀을 반박한다면, 절대로 전문가들의 말을 듣지 말라. 하나님이 말씀하시는 것을 들어라.

선원들의 두 번째 실수는 그들이 군중을 따랐다는 것이다. 그들은 동료의 압력에 굴복했다. 그 배를 타고 있던 사람은 276명이었다. 12절에서는 "대부분의 사람들은 어떻게 해서든지 뵈닉스에 가서 겨울을 지내자고 하였다"현대인의성경라고 전한다. 당신은 흔히 "모두가 그렇게 해"라는 말을 듣는다. 그래서 어쩌란 말인가? 그렇게 하다가 대다수가 잘못된 길에 빠진다. 나그네쥐들은 다 함께 절벽 너머로 가다가 바다에 빠져 익사하는 것으로 유명한 작은 설치류 동물이다. 작은 고래 떼는 해변으로 우르르 몰려들 때가 있다. 모든 사람이 그렇게 하는 것을 본다면, 어쩌면 누구나 별생각 없이 그러고 있을지도 모른다. 만일 하나님이 당신에게 '아니오'라고 말씀하거나 다른 길로 가라고 일러주신다면, 당신은 그분을 따라야 한다.

그들의 세 번째 실수는 환경에 의지했다는 것이다. 13절은 "남풍이 순하게 불매 그들이 뜻을 이룬 줄 알고…"라고 말한다. 선원들은 그날이 항해하기에 좋은 날이라고 생각했다. 그러나 환경은 항상 겉으로 보이는 모습과 같진 않다. 비록 그들이 바다를 봤을 때는 항해하기에 괜찮은 듯 보였더라도 하나님이 이미 '아니'라고 말씀하셨기에 그들은 곧바로 폭풍을 만나고 말았다.

당신은 눈에 보이는 열린 문이라고 모두 통과해서는 안 된다. 당신에게 찾아오는 모든 기회를 다 잡으려 해선 안 된다. 당신에게 주어진 모든 일자리 제안을 다 수용할 수도 없다. 데이트를 신청하는 모든 이들을 만나선 안 된다. 어떤 기회가 주어지더라도 그것이 하나님이 원하시는 일인지 물어야 한다.

어떤 기회가 주어지더라도 그것이 하나님이 원하시는 일인지 물어야 한다.

살면서 난파된 경험이 있는가? 어쩌면 감정적으로 파선 경험을 했을지도 모르겠다. 또는 인간관계가 그렇게 됐을지도 모른다. 재정이나 경력, 건강에서 파선된 적은 없는가? 그런 난관을 직면할 때 어떻게 해야 할까?

사도행전 27장에서 우리는 난관을 다룰 때 해야 할 세 가지를 배운다. 즉, 이유를 알아내고, 결과를 알아내며, 반응을 결정해야 한다.

이유를 알아내라

질문: 이 곤경을 일으킨 원인이 무엇인가?

우리 삶에서 발생하는 어려움의 원인은 네 가지뿐이다. 첫째는 우리 자신이다. "내가 첫째이자 가장 큰 곤경의 원인"이라고 인정할 필요가 있다. 나도 이것을 시인하기가 어렵다는 것을 알지만, 대다수 문제를 우리 자신이 일으키는 게 사실이다. 둘째는 다른 사람이다. 셋째는 마귀이고, 넷째 원인은 하나님이다. 그렇다. 하나님이 우리 삶에 어려움을 일으키실 수도 있다. 그분은 우리의 주의를 끌기 위해, 우리를 시험하기 위해 그리고 우리의 성품을 계발하기 위해 우리 삶에 문제가 생기도 록 허락하신다.

가장 다루기 어려운 유형의 곤경은 당신이 '무죄한 피해 자'인 경우다. 삶에서 일어나는 모든 파선이 다 당신 잘못은 아 니다. 당신이 그릇된 시간에 그릇된 장소에 있었을 뿐일 때도 있다. 바울은 죄수였다. 선택의 여지가 없었다. 그가 파선을 경 험한 것은 사람들의 잘못된 결정 때문이었다.

당신이 어려운 시기를 지나고 있다면 그 원인이 무엇인지 를 어떻게 알 수 있을까? 그 문제를 놓고 기도하며 주님께서 당신에게 보여주시길 간구해야 한다. 성경은 이렇게 말한다. "내가 이 얽힌 문제를 풀어보려고 깊이 생각해보았으나, 그것 은 내가 풀기에는 너무나 어려운 문제였습니다. 그러나 마침내 하나님의 성소에 들어가서야 … 깨닫게 되었습니다"시 73:16-17, 새번역. 당신이 하나님을 예배하면 그분이 당신의 삶을 명료하게 보게 하실 수 있다. 그분은 당신의 눈을 열어 어떤 현상을 그분 이 보시는 대로 보게 하신다.

그러므로 먼저 그 이유를 알아내고 이렇게 물어보라. "이 문제를 일으킨 원인이 무엇인가? 나였는가? 다른 사람이었는 가? 마귀였는가? 아니면 하나님이었는가?"

5. 난관을 다루는 법

결과를 알아내라

질문: 하나님은 내가 이 난관에서 무엇을 배우길 원하시는가?

바울은 로마서 5장 3-4절에서 이렇게 썼다. "이것뿐만 아니라 우리가 고난 중에서도 기뻐하는 것은 고난은 인내를, 인내는 연단된 인격을, 연단된 인격은 희망을 갖게 한다는 것을 알기 때문입니다"현대인의성경. 하나님은 당신이 만난 난관을 통해 가르치길 원하신다. 위기를 통해 당신의 인격을 연단하길 원하신다.

문제는 우리 대다수가 배우는 데 느리다는 것이다. 보통 처음에는 우리가 배워야 할 교훈을 놓치기 때문에 하나님은 같은 난관을 거듭해서 경험하도록 하신다. 그렇게 하시는 이유는 그분이 당신의 편안함보다 당신의 인격에 더 관심을 두시기 때문이다. 하나님은 당신을 위해, 만사를 순조롭게 만들기보다는 당신이 그리스도를 닮게 하는 데 더 관심을 기울이신다.

당신은 지금 큰 난관을, 어쩌면 파선된 삶을 직면하고 있을지 모르겠다. 질병, 두려움, 재정적 문제 또는 관계상의 긴장일 수 있다. 하나님은 그 안에서 어떤 결과를 찾고 계시는가? 그분이 당신에게 가르치려는 것이 무엇이라고 생각하는가? 바울이 말했듯, 하나님은 당신의 인격을 연단하길 원하시고, 그분을 신뢰하는 법을 배우길 바라신다. 하나님은 당신이 그 꿈을 포기하길 원치 않으신다. 오히려 당신이 점점 더 예수 그리스도를 닮아가길 기대하신다.

나의 반응을 알아내라

질문: 나는 난관에 어떻게 반응해야 할까?

삶은 공평하지 않고 때로는 상처를 준다. 이는 엄연한 사실이다. 그러나 어떻게 반응할지는 전적으로 우리에게 달려 있다. 우리는 더 나은 사람이 되거나, 아니면 원한을 품게 될 것이다. 우리는 더욱 성장하거나 꿈을 포기할 것이다. 우리는 하나님이 원하시는 사람이 되거나 오그라들어서 마음이 완고해질 것이다. 이는 우리가 선택할 일이다.

> 나에게 일어나는 일은 내 안에서 일어나는 일만큼 중요하지는 않다.

당신에게 일어나는 일은 당신 안에서 일어나는 일만큼 중요하지는 않다. 왜 그런가? 당신에게 일어나는 일은 일시적이

지만, 당신 안에서 일어나는 일은 영원하기 때문이다. 그것은 당신의 성품(인격)과 관계 있고, 당신의 성품은 당신이 영원 속으로 가져갈 유일한 것이다.

그러면 삶에 난관이 닥칠 때 당신은 어떻게 반응해야 할까? 사도행전 27장에 나오는 바울의 이야기는 우리가 삶의 폭풍 속에 있을 때 해서는 안 될 일 세 가지와 해야 할 일 세 가지를 가르쳐준다. 해서는 안 될 세 가지는 다음과 같다.

| 표류하지 말라 |

사도행전 27장 15절은 이렇게 말한다. "배가 폭풍에 휘말려서, 바람을 맞서서 나아갈 수 없으므로, 우리는 체념하고, 떠밀려가기 시작하였다"새번역. 그 배는 지중해 한가운데 떠 있었다. 선원들은 14일 동안 해나 별을 보지 못했다. 방위를 확인할 수 없었기에 자신이 어디에 있는지 도무지 가늠할 수조차 없었다. 그래서 목적지에 도달하리라는 희망을 포기한 채 그냥 표류하기 시작했다.

자기 인생을 향한 목표, 목적, 꿈을 잃어버린 사람들에게 이런 일은 흔히 일어난다. 그들은 불확실성의 바다에서 표류하게 된다. 그들은 그럭저럭 살아가기 위해 하루하루 견뎌

낼 뿐이다. 오늘날에는 '표류하다'drifting는 말 대신 '떠내려간
다'coasting고 한다. 떠내려갈 때는 내리막길에서만 속도가 난다
는 게 문제다.

인생이 어려워지더라도 꿈을 잃지 말라. 당신의 목표와 하
나님이 무엇을 가르치고 계시는지에 초점을 맞추고, 당신 홀로
꿈을 추구하도록 하나님이 버려두지 않았음을 기억하라.

| 버리지 말라 |

사도행전 27장 18절은 "선원들은 짐을 바다에 내던졌다"
새번역라고 한다. 바람과 파도에 너무나 심하게 시달린 나머지
선원들은 배를 가볍게 하려고 물건들을 바다에 내던지기 시작
했다. 먼저 화물을 바다로 버렸고 이어서 장비를 던진 후 곡물
까지 버리고 말았다. 폭풍이 너무 심해 꼭 필요한 것조차 버리
고 만 것이다. 그런데 짐이 가벼워졌다고 해서 폭풍이 잦아든
것은 아니었다.

난관에 대해 흔하게 보이는 반응이다. 압력이 생기고 스
트레스를 감당할 수 없을 때 우리는 참으로 소중한 것마저도
떠나보내기 시작한다. 우리는 이렇게 말한다. "나는 패배를
인정한다. 내 가족도 포기한다. 나는 이 사업을 버린다. 나는

꿈을 포기한다." 우리가 버려서는 안 될 것을 버리기 시작하는 것이다. 가치관을 타협하고, 유산을 잊고, 관계를 포기한다.

선원 중 일부는 배를 포기하려고 했다. 그러나 바울은 백부장에게 "이 사람들이 배에 있지 아니하면 너희가 구원을 얻지 못하리라"^{행 27:31}라고 말했다. 그래서 군인들이 거룻배의 밧줄을 끊어 거룻배를 떠내려 보냈다. 도피할 수 있는 다른 수단이 없었기에 모두가 배에 남을 수밖에 없었다. 그들이 달아나도록 하나님이 허락하지 않으셨다. 그들은 어쨌든 폭풍을 이겨내야 했다.

당신은 부부관계에서 그렇게 한 적이 있는가? 구명정의 줄을 끊어 출구를 없앤 적이 있는가? "이혼은 우리에게 선택지가 아니다. 우리는 어찌하든 부부관계가 다시 작동하게 할 것이다"라고 말한 적이 있는가? 그런 적이 없다면, 당신은 종종 배에서 뛰어내리고 싶은 유혹을 받을 것이다.

당신이 구명정의 줄을 끊지 않는다면, 하나님이 원하시는 그런 성품을 계발하지 못할 것이다. 성품을 계발하기보다 책임을 회피하기가 더 쉬운 법이다. 하나님은 상황과 성격을 바꾸실 수 있다. 심지어 당신도 변화시킬 수 있다! 그러나 당신이 항상 달아나기만 한다면 그분은 그렇게 하지 않으신다. 하나님은 "배에 그대로 남아있으라"라고 말씀하신다. 당신이 바르고 중요한 가치라고 알고 있는 것을 버리지 말라.

"여러 날 동안 해도 별도 보이지 않고 거센 바람만이 심하게 불었으므로, 우리는 살아남으리라는 희망을 점점 잃었다"행 27:20, 새번역. 희망은 언제나 마지막에 사라진다. 바울과 선원들은 14일 동안 칠흑 같은 어둠 속에 있었다. 어디로 가는지 도무지 알 수 없었다. 그들은 통제 불가능한 세력에 이리저리 흔들렸다. 그들은 화물과 장비와 양식을 포기했다. 끝으로, 그들은 희망을 잃어버렸다.

그런데 그들이 잊은 것이 하나 있다. 폭풍 속에서도 하나님이 통제권을 쥐고 계신다는 진실. 하나님은 그들을 떠나지 않으셨고, 그분은 당신을 떠나지 않았다. 절망하지 말라. 당신이 그분의 임재를 느끼지 못하더라도 그분은 폭풍 속에서 당신과 함께하신다. 그리고 당신이 그 폭풍을 통과하도록 도우실 것이다. 하나님은 당신이 그분을 신뢰할 것인지를 시험하신다.

사도 바울은 그가 직면한 모든 난관에 대해 올바른 관점을 갖고 있었다. 그래서 이렇게 말할 수 있었다. "그러므로 우리는 낙심하지 않습니다. 우리의 겉 사람은 낡아가나 우리의 속 사람은 날로 새로워집니다. 지금 우리가 겪는 일시적인 가벼운 고난은, 비교할 수 없을 정도로 영원하고 크나큰 영광을 우리에게 이루어줍니다"고후 4:16-17, 새번역. 바울은 모든 고난을 겪은 후 하늘에서 그를 기다리는 영광에 비하면 그것이 "가볍고 일시적인" 것이었음을 알았다. 그에게는 불굴의 믿음이 있었다. 자신에게 닥친 온갖 고난은 머무르지 않고 지나가는 것임을 알았다.

고난은 머무르지 않고, 지나간다.

그러면 난관에 대한 올바른 반응은 무엇인가? 우리가 해야 할 일 세 가지는 다음과 같다.

| 내 몫을 자백하라 |

당신이 스스로 어려움을 초래했다면 그대로 시인하라. 다른 사람 탓을 그만두라. 변명을 중단하라. 당신에게 중독의 문제가 있다면 그대로 시인하라. 성질이나 혀에 문제가 있다면 그대로 시인하라. 씀씀이에 문제가 있다면 그대로 시인하라. 예수님은 우리가 진리를 알면 "진리가 너희를 자유롭게 하리

라"요 8:32라고 말씀하셨다. 하지만 우리가 알고 있는 진리, 즉 우리가 직면한 진리만이 그런 자유를 가져다준다.

문제가 없는 체하지만 당신의 꿈을 이루는 데 방해가 되는 것은 무엇인가? 성경은 이렇게 말한다. "자기의 죄를 숨기는 사람은 잘되지 못하지만, 죄를 자백하고 그것을 끊어버리는 사람은 불쌍히 여김을 받는다(또 한 번의 기회를 얻는다, TLB)"잠 28:13, 새번역. 당신은 또 한 번의 기회를 원하는가? 그러면 그 문제와 관련된 당신의 몫을 자백하고 책임을 받아들여라.

| 정면으로 부딪쳐라 |

폭풍에 맞서는 유일한 방법은 정면으로 부딪치는 것이다. 폭풍으로부터 달아나지 말라. 폭풍 위아래로 가거나 돌아서 가려고 하지 말라. 당신은 폭풍과 부딪쳐야 한다. 당신이 문제를 무시하면 결코 그것을 해결하지 못한다.

하나님은 당신이 폭풍을 돌아가게 하지 않으신다. 그분은 당신이 폭풍을 뚫고 나가게 하신다. 당신이 옆으로 돌아간다면 뒤집힐 것이다. 하나님은 당신이 폭풍을 두려워하지 않고 직면하길 원하신다. 인간관계에서 느끼는 긴장을 직면하라. 건강 문제를 직면하라. 일과 관련된 갈등을 직면하라. 불가능을 인식하기 전에는 결코 기적을 인식하지 못한다. 하나님은 폭풍이 해결하기 쉽다고 하신 적이 없고 "내가 너와 함께 있을 것이다"라고 약속하신다. 당신은 그 일을 해낼 것이다!

| 약속을 주장하라 |

당신이 어떤 문제를 직면한다면 이제 약속을 찾아보라. 성경에는 힘든 시기를 겪을 때 의지할 수 있는 7천 개 이상의 약속이 있다. 잘못될 수 있는 일에 집중하길 멈추고 하나님의 약속에 초점을 맞추기 시작하면 낙담을 극복할 수 있다.

폭풍 속에서 바울을 제외한 모든 것이 무너지고 있었다. 바울은 어째서 무너지지 않았는가? 그는 배가 아니라 하나님을 신뢰했기 때문이다. 바울은 하나님의 약속을 꼭 붙잡고 있었다. 사도행전 27장 25절에서 바울은 이렇게 말했다. "그러므로 여러분이여 안심하라 나는 내게 말씀하신 그대로 되리라고 하나님을 믿노라." 바울은 하나님이 약속을 지키실 것을 알았다. 하나님은 배 덕분에 그들이 구조되리라고 말씀하지 않으셨다. 오히려 배가 부서질 것이라고 하셨다. 그러나 하나님은 사람들이 해안에 도착할 것이라고 하셨는데, 일부는 헤엄쳐서, 다른 이들은 부서진 배 조각을 타고 해안에 도착했다.

114

릭 워렌의 꿈꾸는 인생

당신이 지금 폭풍을 뚫고 나가는 중인지 모르겠다. 당신이 탄 배가 당신을 지킬 수 없을지도 모른다. 당신은 집과 자동차, 직업을 잃을지도 모른다. 하나님은 당신의 안락함을 지켜 주겠다고 약속한 적이 없다. 하지만 그분은 당신이 해낼 것이라고 말씀하셨다. 당신은 개헤엄을 쳐야 할지도 모른다. 부서진 배 조각을 타고 해안으로 나와야 할지도 모른다. 그러나 당신은 해낼 것이다.

우리 중에 완벽하게 온전한 삶을 살아가는 사람은 없다. 우리는 모두 깨어진 사람들이다. 당신의 마음이, 가정이 깨어졌을 수 있다. 그러나 하나님의 약속을 붙잡으면 당신은 이겨낼 것이다.

포기하지 말라

지금 폭풍우가 당신의 배를 위협하는가? 온통 얻어맞고 시달렸다고 느끼는가? 어둠 속에서 해로를 잃고 곧 부서지려고 하는, 지중해를 표류하는 그 배와 같다고 느끼는가? 여러 난관이 꿈을 지체시키는가? 당신은 지금 넷째 단계에 있는 것이다. 그래도 포기하지 말라. 위를 바라보라! 염려하지 말고 두려워하지 말라! 당신이 표류하도록 내버려두지 말고, 꿈을 포기하지도 말라! 중요한 가치와 관계들을 버리지 말라. 당신의 확신을 내버리지 말라! 절망한 나머지 하나님을 떠나보내지 말라. 그분이 "내가 결코 너희를 버리지 아니하고 너희를 떠나지 아니하리라"^{히 13:5}라고 약속하셨기 때문이다.

표류하지 말고, 버리지 말고, 절망하지 말라. 그리고 절대로, 절대로 희망을 포기하지 말라. 하나님의 목적은 당신의 문제보다 더 크다.

릭 워렌의 꿈꾸는 인생

6

막다른 골목에
이르렀을 때

무릇 사람이 할 수 없는 것을 하나님은 하실 수 있느니라.

누가복음 18:27

암. 이혼. 압류. 파산. 불임. 실직. 막다른 골목을 가리키는 단어들이다. 하나같이 문장처럼 들린다. 이런 단어들은 두려움과 절망을 심고 당신의 꿈을 물거품으로 만들 수 있다.

꿈이 악몽이 될 때 당신은 어떻게 반응하는가? 삶이 통제 불능 상태가 될 때 당신은 어떻게 하는가? 하나님의 사랑과 지혜를 의심하는가? 그분의 성품에 의문을 제기하는가? 하나님은 당신에게 꿈을 주었다가 그것을 부숴버리는 잔인한 조커 같은 존재란 생각이 드는가? 그렇다면, 믿음의 다섯 번째 단계에 이른 것이다. 다름 아닌 막다른 골목 단계다.

막다른 골목 단계에 이르면 당신은 이렇게 묻기 시작한다. "하나님, 도대체 무슨 일이 일어나고 있지요? 내가 당신의 뜻을 놓쳤나요? 내가 당신의 비전을 못 보고 지나친 건가요? 내

6. 막다른 골목에 이르렀을 때

가 혼자 생각해낸 것인가요?"

모세의 막다른 골목

막다른 골목을 보여주는 최상의 사례는 모세가 이스라엘 백성을 애굽에서 인도해냈을 때다. 애굽사람들이 하나님의 백성을 노예 상태로 붙들고 있는 것을 벌하기 위해 하나님이 열 가지 재앙을 보내신 후, 바로는 결국 "너희와 너희 이스라엘 자손은 어서 일어나서, 내 백성에게서 떠나가거라"출 12:31, 새번역라고 말했다. 그러나 얼마 지나지 않아 바로는 마음을 바꾸고 이스라엘 자손을 도로 데려오도록 자기 군대를 보내 그들을 추격하게 했다.

이스라엘 백성은 홍해 앞에서 꼼짝없이 갇히고 말았다. 양쪽에는 산이 버티고 있고, 그들 앞에는 바다가 있으며, 적의 군대가 그들을 향해 돌진하고 있었다. 출구는 전혀 없었다. 그런데 바로 거기가 하나님이 원하시는 곳이었다.

성경에 따르면, 백성은 두려워하며 홍해에서 죽기보다는 애굽에서 노예로 있었어야 했다고 불평했다. 오늘날에도 어떤 사람들은 자유를 위해 위험을 감수하기보다 속박 속에서 살기를 선호한다. 하나님의 계획을 추구하면서 그분이 기적을 일으키길 신뢰하기보다는 하나님의 뜻이 아닌 나쁜 상황을 그냥 참고 견디며 버티려 한다.

어쩌면 당신의 원수 사탄이 당신을 다시 중독에 빠뜨리려고, 절망에 빠지게 하려고 또는 당신을 묶어두었던 옛 습관에 다시 처박히게 하려고 바짝 뒤쫓는다고 느낄지도 모른다. 그가 당신의 귀에 이렇게 속삭인다.

"내가 말했잖아. 너는 결코 자유로워지지 못해. 네 인생은 별 볼 일 없을 거고. 네가 꾼 꿈이란 건 한낱 망상일 뿐이야. 너는 네가 누구라고 생각하니?"

그러나 "너는 네가 누구라고 생각하니?"는 틀린 질문이다. 올바른 질문은 "너는 하나님이 누구라고 생각하니?"이다.

이스라엘 백성은 왜 홍해를 마주하게 되었는가? 하나님이 그들을 거기로 인도하셨기 때문이다. 그리고 목적이 있어서 그렇게 하셨다. 백성은 자기네가 죽을 운명이라고 생각했겠지만, 하나님은 뜻밖의 사건을 준비하고 계셨다. 그분은 전에는 볼 수 없었던 권능을 보여주실 것이었다.

모세는 백성에게 이렇게 말했다. "너희는 두려워하지 말고 가만히 서서 여호와께서 오늘 너희를 위하여 행하시는 구원을 보라 너희가 오늘 본 애굽 사람을 영원히 다시 보지 아니하리라 여호와께서 너희를 위하여 싸우시리니 너희는 가만히 있을지니라"출 14:13-14.

지금 궁지에 빠져 있는가? 처음부터 하나님의 꿈을 향해 움직여왔던 것이 후회되는가? 현재 상황이 불리하게 돌아가는가? 그렇다면 이제 굳게 서서 하나님의 보호와 대책을 찾을 때다. 비록 당장은 그것이 눈에 보이지 않을지라도. 성경은 "만일 너희가 굳게 믿지 아니하면 너희는 굳게 서지 못하리라"사 7:9라고 한다.

이스라엘 백성은 막다른 골목에 이르렀으나 구출의 손길이 오고 있었다.

아브라함의 막다른 골목

아브라함 역시 믿음의 다섯 번째 단계에 도달했다. 하나님은 그에게 큰 민족의 아버지가 되는 꿈을 주셨다. 99세가 된 아브라함과 불임 아내인 사라는 아직도 자녀가 없었다. 이후 아브라함이 100세가 되었을 때 기적적으로 약속의 자녀 이삭이 태어났다. 그런데 창세기 22장에서는 하나님이 아브라함에게 그 아들을 포기하라고 요구하신다. 하나님은 이렇게 말씀하셨다. "네 아들 네 사랑하는 독자 이삭을 데리고 모리아 땅으로 가서 내가 네게 일러준 한 산 거기서 그를 번제로 드리라"창 22:2.

하나님이 아브라함에게 하신 말씀은 그를 심란하게 했으나, 실은 아브라함을 시험하시는 것이었다. 그것은 장래에 대한 아브라함의 꿈을 빼앗는 것처럼 보였다. 아브라함은 막다른 골목에 이르렀다. 그러나 그는 하나님이 출구를 마련하실 것을 알았고, 그분이 말씀하신 대로 계속 행했다. 성경은 우리에게 "하나님께서는 이삭을 죽은 사람들 가운데서도 되살리실 수 있다고 아브라함은 생각했던 것입니다"히 11:29, 새번역라고 알려준다.

당신은 오늘 막다른 골목에 있을지도 모르겠다. "왜 이런 일이 나에게 일어나지?" 하고 묻고 있을지도 모른다. 이유인즉 하나님이 당신을 여섯 번째 단계, 곧 믿음의 구출 단계를 위해 준비시키고 있기 때문이다. 당신의 상황이 더 어두울수록, 환경이 더 절망스러울수록 그리고 사태가 더 절망스럽게 보일

수록, 하나님은 더 큰 구출을 위해 당신을 준비시키고 계신다.

막다른 골목에 부딪혀 구출을 기다리고 있다면 당신이 과연 무엇을 해야 하는가? 로마서 4장에서 바울은 아브라함이 구출을 기다리는 동안에 보인 모습으로부터 네 가지 교훈을 배울 수 있다고 알려준다.

하나님이 행하실 수 있는 일을 기억하라

현 상황이 당신의 통제를 벗어났을지는 몰라도 하나님의 통제 밖에 있는 것은 아니다. 막다른 골목에 이르면 당신이 할 수 없는 일에 초점을 맞추지 말고 하나님이 할 수 있는 일에 초점을 두라. 성경은 "그가〔아브라함이〕믿은 하나님은 죽은 사람을 살리시고 없는 것을 있게 하시는 분이십니다"롬 4:17, 현대인의 성경라고 말한다.

오직 하나님만 죽은 자에게 생명을 주실 수 있다. 오직 하나님만 무(無)로부터 무언가를 창조하실 수 있다. 이것이 기적의 정의(定義)다. 하나님이 죽은 인간에게 생명을 주실 수 있다면, 그분은 죽은 경력에도, 죽은 결혼에도 생명을 주실 수 있다. 재정적으로 막다른 골목에서도 뚫고 나가게 할 수 있다. 그분은 길이 없는 곳에 길을 만드신다. 하나님께는 일할 도구가 필요 없으시다. 무로부터 무언가를 창조하실 수 있기 때문이다.

다시 한번 로마서 4장 17절을 보라. "그가 믿은 바 하나님…." 아브라함이 믿은 것은 적극적 사고방식이 아니었다. 적극적 사고방식은 좋지만(결국, 대안은 없으니까), 그런 사고방식이 곧 믿음은 아니다. 사실, 적극적 사고방식은 당신이 통제할 수 있는 상황에서 작동한다. 그러나 당신의 통제를 벗어난 상황을 접할 때는 적극적인 태도 이상의 것이 필요하다. 오직 하나님만이 당신이 통제할 수 없는 일을 통제하시므로 그분에 대한 믿음이 필요한 것이다. 그리고 대다수 상황은 당신의 통제 밖에 있다. 이것 때문에 당신에게는 적극적 사고방식보다 믿음이 더 필요한 것이다.

누가복음 18장 27절에서 예수님은 "무릇 사람이 할 수 없는 것을 하나님은 하실 수 있느니라"라고 말씀하셨다. 하나님은 불가능한 일을 전문적으로 다루신다. 이것 때문에 하나님이 행하실 수 있는 일을 기억하는 것이 중요하다.

로마서 4장 18절은 이렇게 말한다. "아브라함은 희망이 사라진 때에도 바라면서 믿었으므로 '너의 자손이 이와 같이 많아질 것이다' 하신 말씀대로, 많은 민족의 조상이 되었습니다"_{새번역}. 당신 속에 희망이 사라졌다는 것을 어떻게 알 수 있는가? 당신이 '절대로'라는 단어를 사용하기 시작하면 그러하다. '나는 절대로 졸업하지 못할 거야. 나는 절대로 건강해질 수 없을 거야. 나는 절대로 빚에서 벗어날 수 없을 거야. 나는 절대로 그 모든 수치와 마음고생을 잊지 못할 거야. 나는 절대로 변할 수 없을 거야. 나는 절대로 하나님이 원하는 사람이 될 수 없을 거야.'

당신에게서 희망이 사라지기 시작한다면 어떻게 해야 하는가? 성경은 아브라함이 그랬듯이 계속 희망을 품으라고 말한다. 로마서 4장 18절을 다시 읽어보라. "아브라함은 희망이 사라진 때에도 바라면서 믿었으므로 '너의 자손이 이와 같이 많아질 것이다' 하신 말씀대로, 많은 민족의 조상

막다른 골목에서는
당신이 할 수 없는 일이 아니라,
하나님이 할 수 있는 일에 초점을 두라.

이 되었습니다"^{새번역}. 당신이 막다른 골목에 이르렀다면 힘의 원천인 성경과 연결될 때다. 성경은 희망의 보고(寶庫)다. 성경을 읽어라. 성경을 공부하라. 성경을 암송하라. 성경을 묵상하라. 하나님 말씀이 당신의 믿음을 소생시킬 것이다. 희망을 새롭게 할 것이다. 당신이 하나님을 꼭 붙잡도록 도울 것이다. 사실 성경처럼 당신을 격려하는 것은 없다.

막다른 골목은 당신의 믿음을 시험하는 곳이다. 성경은 이렇게 말한다. "아브라함은 시험을 받을 때에 믿음으로 이삭을 드렸으니 그는 약속들을 받은 자로되 그 외아들을 드렸느니라"^{히 11:17}. 하나님이 아브라함에게 그의 아들, 이삭을 바치라고 말씀하셨을 때 그는 눈 하나 깜박하지 않았다. 당황하지도 않았다. 그는 하나님이 무엇을 할 수 있는지 기억했고 하나님이 약속하신 것을 의지했기 때문이다. 그들이 제물을 바치려고 언덕을 올라갈 때 아브라함이 종들에게 "우리가 너희에게로 돌아오리라"^{창 22:5}라고 말했다. 이삭이 아브라함에게 "어린 양은 어디 있나이까?" 하고 묻자 그는 "하나님이 자기를 위하여 친히 준비하시리라"^{창 22:8}라고 대답했다.

아브라함은 막다른 골목에 부딪쳤다. 그러나 구출의 손길은 오고 있었다.

하나님이 그에게 일러 주신 곳에 이른지라 이에 아브라함이 그곳에 제단을 쌓고 나무를 벌여놓고 그의 아들, 이삭을 결박하여 제단 나무 위에 놓고 손을 내밀어 칼을 잡고 그 아들을 잡으려 하니 여호와의 사자가 하늘에서부터 그를 불러 이르시되 아브라함아, 아브라함아 …

아브라함이 눈을 들어 살펴본즉 한 숫양이 뒤에 있는데 뿔이 수풀에 걸려 있는지라 아브라함이 가서 그 숫양을 가져다가 아들을 대신하여 번제로 드렸더라 창 22:9-13.

칼이 공중에 들렸을 때 비로소 하나님이 출구를 마련해주셨다.

당신이 막다른 골목에 이르고 하나님이 당신에게 주신 꿈을 포기하라고 요구하실 때는 무슨 일이 일어나는가? 하나님이 당신을 구출하신다고 믿을 수 있는가?

아브라함은 하나님이 그에게 시키는 모든 것을 행했다. 그는 믿음의 시험을 통과한 것이다. 당신은 믿음으로 그 일을 할 수 있는가?

당신이 막다른 골목에 도달하면 하나님이 행하시는 일을 기억하고 그분이 말씀하신 것을 의지하라. 그분의 말씀을 믿어라.

믿음으로 사실을 직면하라

로마서 4장 19-20절은 이렇게 말한다. "그는〔아브라함은〕 나이가 백 세가 되어서, 자기 몸이 〔이미〕 죽은 것이나 다름없고, 또한 사라의 태(胎)도 죽은 것이나 다름없는 줄 알면서도, 그는 믿음이 약해지지 않았습니다. 그는 하나님의 약속을 믿고 의심하지 않았습니다"새번역. 아브라함은 100세였다. 사라는 90세이며 게다가 불임이었다. 그럼에도 하나님은 그들에게 자녀가 생길 것이라고 말씀하셨다. 의학적으로는 불가능한 일이었다. 그들은 자녀를 낳을 수 있는 나이가 훨씬 지났다. 그러나 아브라함은 사실을 직면했지만 불신으로 흔들리지는 않았다고 성경은 말한다.

믿음은 현실을 부인하지 않는다. 믿음은 문제가 없는 체하는 게 아니다. 당신이 무척 괴로운데도 "난 아프지 않아"라고, 속으로 근심이 가득한데도 "난 행복해"라고 말하는 게 아니다. 그것은 믿음이 아니라 현실부정이다. 믿음이 있으면 낙심하지 않으면서 사실을 있는 그대로 대면할 수 있다. 신앙은 하나님이 당신의 문제보다 더 큰 분임을 믿는 것이다.

믿음의 열쇠는 당신의 한시적 상황 너머를 바라보며 영원 믿음이 있으면 낙심하지 않으면서 사실을 있는 그대로 대면할 수 있다.

한 하나님께 초점을 두는 것이다. 성경은 이렇게 말한다. "우리가 주목하는 것은 보이는 것이 아니요 보이지 않는 것이니 보이는 것(문제)은 잠깐이요 보이지 않는 것(하나님의 능력)은 영원함이라" 고후 4:18. 이 모든 것은 초점을 어디에 맞추는가와 관계가 있다.

당신이 막다른 골목을 직면했을 때는 하나님이 행하신 일을 기억하고, 하나님이 말씀하신 것을 의지하고, 믿음으로 사실을 직면하라. 이후 한 단계가 더 있다.

하나님이 당신을 구출하실 것을 기대하라

아브라함은 이삭에게 "번제할 어린 양은 하나님이 자기를 위하여 친히 준비하시리라" 창 22:8라고 말했다. 그는 하나님이 자신을 구출하실 것을 기대했다. 그리고 흔들리지 않는 믿음 덕분에 순종할 때도 흔들리지 않았다. 그는 하나님이 시킨 일을 그대로 행했다. 이것은 믿음에 관한 중요한 교훈이다.

믿음은 그저 하나님을 믿는다고 말하는 것이 아니다. 믿음은 당신이 하나님을 믿는 대로 사는 것이다. 그래서 성경이 이렇게 말한다. "이와 같이 행함이 없는 믿음은 그 자체가 죽은 것이라 … 나는 행함으로 내 믿음을 네게 보이리라"약 2:17-18.

당신은 하나님이 현 상황에서 무엇을 하실 수 있다고 기대하는가? 그분에게 아무것도 기대하지 않을지도 모르겠다. 그러나 하나님은 당신의 기대에 따라 삶 속에서 일하신다. 예수님은 "너희 믿음대로 되라"마 9:29라고 말씀하셨다. 당신은 하나님이 무엇을 하실 것이라고 믿는가?

> 하나님은 당신의 기대에 따라 삶 속에서 일하신다.

사도 바울은 기대의 원리를 이해했다. 기대는 결단을 낳는다. 바울은 하나님이 행하시리라고 기대했다. 그러므로 그는 막다른 골목을 뚫고 나가기로 결단한 것이다. "우리가 … 힘에 겹도록 심한 고난을 당하여 살 소망까지 끊어지고 … 이는 우리로 자기를 의지하지 말고 오직 죽은 자를 다시 살리시는 하나님만 의지하게 하심이라 그가 이같이 큰 사망에서 우리를 건지셨고 또 건지실 것이며 이후에도 건지시기를 그에게 바라노라"고후 1:8-10.

6. 막다른 골목에 이르렀을 때

바울은 벼랑 끝에 몰렸다. 꿈이 끝장난 것은 아닌지 혼란스러웠다. 그러나 하나님이 과거에 자신을 구출하셨던 것을 알기에 현재도 구출하시리라고 믿었고, 장래에도 자신을 구출하실 것을 신뢰했다. 바울은 희망을 포기하길 거부했다.

만일 당신이 막다른 골목에 이르렀다면 바울처럼 행동하라. 하나님이 과거에 행하신 일을 기억하고, 그분이 다시 그 일을 하실 것을 믿어라. 희망을 꼭 붙잡아라. 구출의 손길이 오고 있다.

구출의 손길을 기대하라

여러분을 부르시는 분은 신실하시니,

이 일을 또한 이루실 것입니다.

데살로니가전서 5:24, 새번역

당신의 막다른 골목은 하나님의 구출로 통하는 관문이다.

　모세에게는 길이 없는 곳에 길을 만들어주셨다. 이스라엘 백성은 등 뒤로 바다가 있고 바로의 군대가 돌진해오는 상황이라 절망적인 막다른 골목에 봉착해 있었다. 그러나 구출의 손길이 오고 있었다.

　하나님은 모세에게 말씀하셨다. "너는 … 지팡이를 들고 손을 바다 위로 내밀어 그것이 갈라지게 하라 이스라엘 자손이 바다 가운데서 마른 땅으로 행하리라 … 모세가 바다 위로 손을 내밀매 여호와께서 큰 동풍이 밤새도록 바닷물을 물러가게 하시니 물이 갈라져 바다가 마른 땅이 된지라 이스라엘 자손이 바다 가운데를 육지로 걸어가고 물은 그들의 좌우에 벽이 되니" _{출 14:16, 21-22}. 이스라엘 백성이 안전하게 건너편에 도착했을 때, 하나님이 다시 제자리로 물이 흘러가게 하시자 적군은 바다에서 익사했다.

하나님은 어떤 목적이 있어 그의 백성을 막다른 골목으로 인도하신 것이다. 그분은 그들이 그를 신뢰하도록 가르치고 싶었고 자기 영광을 드러내길 원하셨다. 당신이 막다른 골목에 몰릴 때 하나님은 무엇을 가르치길 원하실까?

마태복음에는 예수님이 물 위를 걷는 장면이 나온다. 성경은 이렇게 말한다. "예수께서 즉시 제자들을 재촉하사 자기가 무리를 보내는 동안에 배를 타고 앞서 건너편으로 가게 하시고 무리를 보내신 후에 기도하러 따로 산에 올라가시니라 저물매 거기 혼자 계시더니 배가 이미 육지에서 수 리나 떠나서 바람이 거스르므로 물결로 말미암아 고난을 당하더라 밤 사경에 예수께서 바다 위로 걸어서 제자들에게 오시니"마 14:22-24.

제자들이 폭풍 속에 있게 된 것은 그들이 예수께 순종했기 때문이라는 사실을 놓치지 말라. 그들은 예수님이 그들에게 하라고 하신 일을 행하고 있었다. 하지만 이제 그들은 죽을 것 같아서 두려워하고 있었고, 예수님은 어디에도 보이지 않았다. 예수님은 그들이 떠났던 그 해변에 아직도 계신다고 제자들은 생각했다.

이 사건의 순서를 주목하라. 제자들은 해가 떠 있고 하늘이 맑은 대낮에 항해를 시작했다. 이후 저녁이 되자 폭풍이 일어나 밤새도록 그들의 배를 강타했다. 제자들은 자신이 상황을 통제할 능력이 없다는 것을 알았다. 밤 사경이 되자 예수님이 물 위를 걸어 그들에게 오셨다. 밤 사경은 새벽 3시에서 6시였다. 달리 말하면, 그들에게 난관의 조짐이 처음 보였을 때는 예수님이 나타나지 않았다. 기적은 제자들이 가장 캄캄한 상황에 빠졌을 때 일어났다.

당신에게는 그 시간이 언제인가? 당신은 얼마 동안 폭풍 속에서 항해해왔는가? 상황이 아무리 캄캄하더라도 구출하는 손길이 오는 중이다. 그분은 전에 본 적이 없던 모습으로 나타나실지 모른다.

> 상황이 아무리 캄캄하더라도 구출하는 손길이 오는 중이다. 그분은 전에 본 적 없던 모습으로 나타나실지 모른다.

그러면 구출의 열쇠는 무엇인가? 이는 당신이 선택할 문제다. 염려할 것인가, 예배할 것인가? 겁에 질릴 것인가, 아니면 찬송할 것인가? 당신이 할 수 있는 일은 미리 감사를 표현하는 것이다.

7. 구출의 손길을 기대하라

구출의 열쇠

구출의 열쇠는 믿음으로 가득 찬 감사다. 당신이 막다른 골목에 있고 꿈이 절대 실현되지 않을 듯 보일 때, 구출의 손길이 이미 오고 있음을 알고 하나님께 감사하라. 아직 당신의 눈에는 보이지 않겠지만 말이다. 미리 하나님께 감사하는 일은 믿음의 발걸음이다. 그리고 하나님은 언제나 믿음에 반응하시는 분이다! 예수님이 친히 우리에게 그렇게 하도록 가르치셨다.

요한복음 11장에는 나사로의 부활 이야기가 기록되어 있다. 예수님의 친구인 마리아와 마르다가 베다니에서 예수께 심부름꾼을 보내 그들의 오빠 나사로가 아프다는 소식을 전했을 때 예수님은 예루살렘에 더 머무르셨다. 베다니는 3킬로미터 남짓 정도 떨어진 곳인데도 예수님은 거기로 가는 데 3일이나 걸렸다. 예수님이 도착했을 때는 나사로가 이미 죽은 뒤였다. 무덤에 매장된 지 나흘이나 되었다. 그분이 너무 늦게 온 것이다. 아니, 그들은 그렇게 생각했다. 마리아와 마르다는 "주께서 여기 계셨더라면 내 오라버니가 죽지 아니하였겠나이다" 하고 말했다. 그러나 예수님은 나사로를 치유하려고 오신 것이 아니었다. 그를 다시 살리려고 오셨다.

당신이 처한 딜레마에
대한 해답은 자신이 잘 안다
고 생각할지 모른다. 모든
것을 파악했다고 생각할 수
있다. 그래서 하나님께 그분

예수님은 나사로를
치유하려고 오신 것이 아니었다.
그를 다시 살리려고 오셨다.

이 무엇을 해야 할지, 어떻게 그리고 언제 해야 할지를 말씀드
린다.

그러나 당신은 하나님이 아니다! 당신은 하나님이 그분의
방식으로, 그분의 때에 일하시게 해드려야 한다. 하나님이 당
신의 기대치를 뛰어넘을 여지를 언제나 남겨두라.

예수님은 사람들에게 나사로의 무덤에서 돌을 옮겨놓으라
고 하셨다. 이후 그는 하늘을 우러러보시고 "아버지여 내 말을
들으신 것을 감사하나이다"요 11:41라고 말씀하셨다. 예수님은
미리 하나님께 감사하신 것이다! 이것이 구출의 열쇠다. 예수
님은 기도를 응답하신 하나님께 감사드린 후 "나사로야, 나오
라"요 11:43라고 외치셨다. 그리고 나사로가 무덤에서 걸어 나
왔다.

아브라함 역시 믿음으로 가득 찬 감사의 원리를 깨달았다.
성경은 이렇게 말한다. "[아브라함은] 믿음이 없어 하나님의

약속을 의심하지 않고 믿음으로 견고하여져서 하나님께 영광을 돌리며 약속하신 그것을 또한 능히 이루실 줄을 확신하였으니"롬 4:20-21. 아브라함은 하나님의 약속이 이루어지기도 전에 하나님께 영광을 돌렸다고 한다. 달리 말하면, 하나님이 그를 통해 큰 민족을 만드실 것이란 꿈이 실현되기도 전에 그랬다는 것이다.

어떤 일이 일어난 후에 하나님께 감사하는 것은 말 그대로 감사다. 그러나 어떤 일이 일어나기 전에 하나님께 감사하는 것은 믿음이다. 이것이 예수님과 아브라함이 보여준 것이고, 이는 최고 경지에 이른 믿음이다. 하나님이 장차 행하실 것이라고 당신이 믿고 미리 하나님께 감사하는 모습이다. 그 믿음

어떤 일이 일어나기 전에 하나님께 감사하는 것이 믿음이다.

은 이렇게 말한다. "하나님, 저는 당신이 제게 주신 꿈을 어떻게 이루실 줄은 모릅니다. 그리고 지금은 막다른 골목에 있습니다. 그러나 주님은 행하시는 일을 알고 계시고 모든 것이 합력하여 선(善)을 이루게 하실 줄 믿고〔롬 8:28〕 미리 당신께 감사드립니다."

가장 큰 구출

예수님이 십자가에 달리시는 모습을 제자들이 보면서 그들이 겪었을 심적 고통과 절망을 떠올려보라. 그들의 친구이자 스승, 전적으로 희망을 걸었던 분, 지난 3년 동안 삶을 온통 헌신했던 분이 돌아가셨다. 그들은 예수님이 왕국을 세우고 그들이 그분과 함께 다스릴 것이라고 생각했다. 하지만 이제는 모든 것이 끝났다. 아니, 하나님의 아들 메시아가 죽었다는 것이 있을 법한 일인가? 이렇게 그들의 꿈도 끝장났다. 모든 희망은 사라졌다.

하나님은 십자가 죽음을 부활로 바꾸는 일에 전문이라는 진리를 그들은 미처 몰랐다. 3일간 예수님의 죽은 몸은 로마 군인들이 지키는 무덤 안에 놓여 있었다. 그러나 3일째 되는 날에 예수님은 죽은 자 가운데서 살아나셨다. 그것은 역사상 최대의 구출 사건이었다.

예수님의 막다른 골목은 죽음의 끝이 되었다. 사형선고와 하나님과의 영원한 분리라는 형벌이 뒤집혔다. 우리는 육체적으로 죽을지언정 영혼은 우리의 궁극적인 약속의 땅인 하늘에서, 하나님 존전에서 영원히 살 수 있다.

구출의 세 가지 유형

하나님은 외적인 구출, 내적인 구출 그리고 영원한 구출, 이렇게 세 가지 방식으로 당신을 구출하신다.

외적으로 구출하실 때는 기적적으로 당신의 환경을 바꾸신다. 예컨대 "여호와께서 이같이 이스라엘을 애굽 사람의 손에서 구원하신" 출 14:30 경우가 그렇다. 하나님이 개입하시고 홍해가 갈라진다. 이런 구출은 당신의 삶에서 많이 일어나겠지만, 항상 그런 것은 아니다.

다른 경우에는 하나님이 환경을 바꾸는 게 아니라 '당신'을 변화시켜 당신을 구출하신다. 하나님의 내적인 구출이다. 그분은 당신에게 새로운 꿈, 새로운 태도 또는 새로운 관점을 주신다. 바울이 사슬로 묶인 채 로마 지하 감옥에 갇혀 있을 때 하나님은 그의 환경을 바꾸지 않으셨다. 오히려 그의 관점을 바꾸셨다. 바울은 친구들에게 이런 글을 썼다. "형제자매 여러분, 내게 일어난 일이 도리어 복음을 전파하는 데에 도움을 준 사실을, 여러분이 알아주시기를 바랍니다" 빌 1:12, 새번역. 바울은 그의 고통에 더 큰 목적이 있음을 알았기 때문에 지체, 난관 그리고 막다른 골목을 잘 다룰 준비가 되어 있었다.

하나님의 세 번째이자 궁극적인 구출 형태는 하늘이다. 이것은 하나님의 영원한 구출이다. 이 구출은 영원히 지속될 것이다. 하나님은 이 세상에서 모든 고통을 다 없애주겠다고 약속하지 않으셨다. 당신이 원하는 방식으로 모든 문제를 해결하겠다고 약속하신 적도 없다. 남은 생애 동안 당신이 사랑하는 모든 이를 살아있게 하겠다고 약속하신 적이 없다. 세상에는 고통이 있다. 슬픔과 고난도 있다. 이곳이 하늘이 아니라 땅이란 사실을 기억하라. 당신의 궁극적 구출은 언젠가 하늘에서 이뤄질 것이다. 더 이상 고통이나 슬픔, 질병이나 고난, 마음고생이나 실망이 없는 곳이다.

하나님이 당신을 어떻게 구출하든지 간에 그분의 구출은 보장되어 있다. "우리에게 약속하신 분은 신실하시기"히 10:23, 새번역 때문이다. 당신이 원하는 방식으로 구출하지 않을지는 몰라도 그분이 아는 최선의 방식으로 구출하실 것이다. 하나님은 당신 안에서 시작하신 선한 일을 완수하겠다고 약속하셨고, 그 일을 이루는 데 필요한 시간보다 한순간도 더 기다리게 하지 않을 것이다.

하나님이 당신을 구출하실 때 당신은 어떤 반응을 보여야 할까? 기뻐하라! 즐거워하라! 바울이 그런 반응을 보였다. 난파당하고, 매질 당하고, 투옥된 후 하나님이 바울을 구출하셨다. 그리고 비록 계속해서 곤경에 처했지만 그는 여전히 이렇게 말하기로 했다. "주 안에서 항상 기뻐하라 내가 다시 말하노니 기뻐하라"빌 4:4.

기뻐하는 것은 당신의 선택이다.

어쩌면 오늘 막다른 골목에 있어서 기뻐할 마음이 생기지 않을지도 모른다. 당신은 하나님의 기적을 기다려왔다. 상처 회복, 기도 응답, 불가능한 상황의 돌파구 등. 그런데 이제는 하나님의 꿈이 실현되리란 희망을 잃어가고 있다.

또는 하나님이 당신에게 특정한 약속을 주셨는데, 당신이 믿었던 대로 혹은 진실이라고 알고 있는 대로 끝나지 않았을지도 모른다. 오랫동안 그 약속을 품어왔지만, 이제는 손을 놓고 싶다.

이때 기억할 것이 있다. 하나님은 그분의 약속을 이루는 데 땅에 있는 당신의 시간에 제약받지 않는다는 사실이다. 예수님은 "천지는 없어질지언정 내 말은 없어지지 아니하리라" 마 24:35라고 말씀하셨다. 그 약속이 당신이 정한 시간표에 따라 이뤄져야 한다고 주장하지 않고도 여전히 진리를 붙잡을 수 있다. 하나님은 영원이라는 시간을 들여서라도 하신 말씀을 지키시는 분이다!

그런즉 지금 당장 이미 다가오는 구출의 손길로 인해 하나님께 감사하기 시작하라. 예수님은 그 절망적인 끝을 취해 끝없는 희망으로 바꿀 수 있다. 당신이 비록 막다른 골목을 많이 직면했더라도, 하나님은 땅에서 당신을 거듭 구출하실 것이고, 이후에는 언젠가 하늘에서 구출하실 것이다. 왜 그런가? "주님의 한결같은 사랑이 다함이 없고 그 긍휼이 끝이 없기 때문이다. 주님의 사랑과 긍휼이 아침마다 새롭고, 주님의 신실이 큽니다" 애 3:22-23, 새번역.

하나님은 두 번째 기회를 주시는 분이다. 하나님은 새 일을 행하시는 분이다. 그분은 종종 당신에게 평생에 걸쳐 여러 꿈을 주실 것이다. 성경은 이렇게 말한다. "하나님이 말씀하시기를 말세에 내가 내 영을 모든 육체에 부어 주리니 너희의 자녀들은 예언할 것이요 너희의 젊은이들은 환상 vision을 보고 너희의 늙은이들은 꿈을 꾸리라" 행 2:17.

그러나 하나님께서 당신의 삶에 허락하신 꿈을 이루려면, 하나님이 당신의 가족, 경력, 우정, 교회 그리고 주변 세계에서 이루고자 하시는 새로운 일을 받아들여야 한다. 하나님은 그분이 행하려는 새 일을 당신도 살펴보길 원하신다. 그분은 이사야 43장 18-19절에서 이렇게 말씀하신다. "너희는 지나간 일을 기억하려고 하지 말며, 옛일을 생각하지 말아라. 내가 이제 새 일을 하려고 한다. 이 일이 이미 드러나고 있는데, 너희가 그것을 알지 못하겠느냐?"_{새번역}

그런즉 그분을 신뢰하라. 꼭 붙잡아라. 그리고 이것을 기억하라. "여러분도 알다시피, 하나님은 무엇이든지 하실 수 있는 분입니다. 하나님은 여러분이 꿈에서나 상상하고 짐작하고 구할 수 있는 것보다 훨씬 많은 것을 주실 수 있는 분입니다!"

엡 3:20, 메시지

당신의 삶을 향한 하나님의 꿈은 그분이 어머니의 뱃속에서 당신을 빚어내신 이래 늘 그분의 마음에 있었다. 하나님은 당신에게 기대하는 그 일을 할 능력을 주셔서 그분의 타이밍에 그분의 방식으로 행하게 하실 것이다. 당신에게는 불평하거나 투덜대거나 따지거나 의심할 권리가 없다. 그분이 그 일을 하실 것이기 때문이다.

하나님은 신실하시다. 그러나 그분은 당신이 믿음의 여섯 단계를 거치게 하실 것이다. 꿈에서 결정과 지체, 난관, 막다른 골목을 거쳐 구출에 이르는 여섯 단계다. 그리고 그분은 당신이 그 단계들을 여러 번 거치게 할 것이다. 이는 단 한 번으로

완성되는 경험이 아니다. 시편 50
편 15절에서 하나님은 이렇게 말
씀하신다. "환난 날에 나를 부르라
내가 너를 건지리니 네가 나를 영
화롭게 하리로다."

하나님은 당신에게 기대하는
그 일을 해낼 능력도 주신다.

　하나님이 당신에게 주신 꿈을 절대 포기하지 말라. 그분도
절대로 당신을 포기하지 않으실 것이다.

7. 구출의 손길을 기대하라

Created to
Dream

이 책 전체에서 가르치는 원리에 기반한 묵상 질문들은 하나님이 당신에게 주신 꿈을 이루는 과정을 더 잘 이해하도록 도울 것이다. 혼자 공부할 때나 소그룹 토론 시간에 이 질문을 활용하기 바란다.

1. 믿음과 꿈은 어떤 관계인가?

1. 위대한 꿈은 믿음의 표현이다.

당신이 지금까지 꿈꿔왔거나 앞으로 꿈꿀 수 있는 가장 큰 꿈을 생각해
보라. 그 꿈은 하나님에 대한 당신의 믿음을 어떻게 반영하는가?

2. 우리가 꿈을 이루려고 애쓰는 동안 하나님은 우리의 성품을 다듬으려고 애쓰신다.

인생에서 하나님의 꿈을 추구하는 동안, 하나님께서 어떤 방식으로 당
신을 (영적·정서적으로) 성장하도록 도와주시길 바라는가?

3. 하나님의 꿈을 발견하고 따르는 것이 믿음의 발걸음이다.

하나님이 당신의 꿈을 단 한 번에 이루도록 하지 않고 단계별로 진전되
는 과정으로 만드신 이유가 무엇이라고 생각하는가?

4. 하나님의 인도를 받으면 그분이 친히 해결하신다.

당신을 향한 하나님의 꿈을 계속 추구할 수 있도록 오늘 하나님께 무엇
을 공급해달라고 간구할 것인가?

2. 당신을 향한 하나님의 꿈을 찾으라

1. 꿈이 없다면 당신은 언제나 자신이 누군지를 놓고 고심할 것이다.

하나님은 당신이 어떤 꿈을 따르도록 하셨는가? 당신의 꿈이 자기 정체성을 이루는 일부임을 생각해본 적 있는가? 그 이유는 무엇인가?

2. 하나님의 꿈은 하나님의 말씀과 절대 모순되지 않는다.

혹시 당신의 꿈은 성경이 말하는 바와 상충하지는 않는가? 만일 그렇다면 어떻게 할 것인가?

3. 꿈과 낙심은 모두 전염성이 있다.

당신과 가장 가까운 친구들을 생각해보라. 그들은 당신이 하나님의 꿈을 추구하도록 어떻게 격려하는가? 또는 어떻게 낙심하게 하는가?

4. 하나님의 꿈을 이루는 일보다 더 중요한 것은 없다.

당신이 하나님의 꿈에 헌신하지 못하도록 방해하는 관심사는 무엇인가? 하나님의 꿈을 우선시하기 위해 당신이 취할 수 있는 조치는 무엇인가?

3. 행동하기로 결심하라

1. 결정 단계에서는 빠른 결정보다는 '올바른' 결정을 내리는 것이 중요하다. 현명한 결정을 내릴 수 있도록 하나님의 말씀을 더 잘 알기 위해 오늘 당신이 실천할 수 있는 한걸음은 무엇인가?

2. 실제로 현명하기보다 현명하게 '보이고' 싶어 한다는 것이 우리의 문제다. 당신이 아는 가장 현명한 사람은 누구인가? 그들은 어떤 방식으로 겸손의 모범을 보이는가?

3. 의사결정과 문제해결을 혼동하지 말라. 꿈을 추구할 때 직면하게 될 문제에 대해 당신은 영적·정서적으로 어떤 방식으로 준비할 것인가?

4. 지체되더라도 인내하라

1. 두려움에 사로잡히면 지체되는 기간이 길어진다.

당신은 어떻게 두려움을 극복할 수 있겠는가? 한 가지만 얘기해보라.

2. 씨 뿌리는 것과 거두는 것 사이에는 항상 시간차가 있다.

꿈이 이루어지기를 기다리는 동안 하나님께서 당신 안에서 예수 그리스
도의 어떤 성품을 자라게 하시기를 바라는가? 열매가 늦게 열리더라도
당신이 늘 신실할 수 있도록 하나님의 도우심을 간구하라.

3. 지체는 거절이 아니다.

당신의 요청에 하나님이 "아니"가 아니라 "아직"이라고 하실 때 당신은
어떻게 반응하는가? 하나님은 당신이 어떻게 응답하기를 원하실까?

5. 난관을 다루는 법

1. 어떤 기회가 주어지더라도 그것이 하나님이 원하시는 일인지 물어야 한다.

어떤 기회가 올 때 그것이 하나님에게서 온 기회인지를 판단해야 한다. 이와 관련하여 주변에 그리스도를 닮은 사람이 있는 것이 왜 중요한가? 당신에게는 그런 사람들이 있는가? 누구인가?

2. 나에게 일어나는 일은 내 안에서 일어나는 일만큼 중요하지는 않다.

이제껏 겪은 시련 중에 가장 어려운 시련은 무엇인가? 그 시련이 당신을 어떻게 변화시켰으며, 그 변화는 어떤 영원한 의미를 지니고 있는가?

3. 고난은 머무르지 않고, 지나간다.

당신의 난관이 계속되지는 않을 것이라는 사실을 떠올릴 필요가 있을 때는 언제인가? 곰곰이 생각하면 큰 힘이 되는 영원한 진리는 무엇인가?

6. 막다른 골목에 이르렀을 때

1. 막다른 골목에서는 당신이 할 수 없는 일이 아니라, 하나님이 할 수 있는 일에 초점을 두라.

   때때로 자기 힘만으로는 모든 것을 할 수 없다고 깨닫는 지점에 이른다. 하나님은 왜 당신이 그렇게 하길 원하신다고 생각하는가?

2. 믿음이 있으면 낙심하지 않으면서 사실을 있는 그대로 대면할 수 있다.

   하나님이 당신의 문제보다 더 큰 분임을 믿는다면, 어려운 상황을 대면할 때 어떤 변화가 찾아올까?

3. 하나님은 당신의 기대에 따라 삶 속에서 일하신다.

   당신은 막다른 골목에 부딪힐 때 어떻게 반응하는가? 하나님께 기대하는 바가 있는가? 그것을 어떻게 말씀드리겠는가?

7. 구출의 손길을 기대하라

1. 상황이 아무리 캄캄하더라도 구출하는 손길이 오는 중이다. 그분은 전에 본 적 없던 모습으로 나타나실지 모른다.

하나님이 당신을 어려움에서 구해내시길 기다리는 동안에 오늘 당신은 어떻게 그분을 경배하겠는가?

2. 예수님은 나사로를 치유하려고 오신 것이 아니었다. 그를 다시 살리려고 오셨다.

난관을 만난 당신은 하나님께 구출의 손길을 보내달라고 기도할 것이다. 하나님이 당신의 기대치를 뛰어넘을 여지를 남겨두려면 어떻게 기도해야 할까?

3. 어떤 일이 일어나기 전에 하나님께 감사하는 것이 믿음이다.

당신이 꿈을 따라갈 때 하나님은 어떤 일을 행하실까? 지금 하나님께 미리 감사드리고 이렇게 기도하라. "하나님, 당신이 내게 주신 꿈을 어떻게 이루실 줄은 모릅니다. 그러나 당신은 그 일을 알고 계시고 모든 것이 합력하여 나의 선을 이루게 하실 줄 믿고 미리 감사드립니다."

4. 하나님은 당신에게 기대하는 그 일을 해낼 능력도 주신다.

당신에게 주신 꿈을 이루기 위해 하나님은 어떤 재능을 주셨고 또 어떻게 준비시키셨는가? 지금은 눈으로 보거나 이해할 수 없어도 그 길을 가는 동안 하나님이 필요한 것을 공급하실 것으로 믿는가?

묵상 질문

당신의 삶에 대한 하나님의 꿈을 발견하고 따르기 위한 발걸음을 내딛게 되어 정말 기쁘다.

비범한 사람들이란 특별한 꿈, 즉 하나님의 꿈에 자신을 바친 평범한 사람들이라고 생각해왔다. 그리고 인생에서 하나님이 자신에게 주신 소명을 이루는 것보다 더 큰 성취감을 주는 것은 없다고 나는 확신한다.

비범하게 살아가려는 당신을 격려하고자 나는 〈데일리 호프Daily Hope〉를 만들었다. 당신의 이메일 주소로 성경의 가르침을 전달하는 무료 이메일 묵상 및 팟캐스트다. 〈데일리 호프〉에 연결되면 하나님 말씀을 공부하고 그분과 뜻깊은 관계를 쌓는 데 큰 도움을 받을 수 있고, 이는 하나님이 의도하신 삶을 사는 데 꼭 필요한 일이다.

당신의 인생 여정에 도움이 될 수 있기를 간절히 바란다. 하나님의 꿈을 추구하는 것이야말로 당신이 경험할 수 있는 최고의 모험이기 때문이다.

릭 워렌

Pastor Rick

〈데일리 호프〉 자료를 무료로 받을 수 있는 주소
PastorRick.com/Dream

Created to
Dream

국제제자훈련원은 건강한 교회를 꿈꾸는 목회의 동반자로서 제자 삼는 사역을 중심으로
성경적 목회 모델을 제시함으로 세계 교회를 섬기는 전문 사역 기관입니다.

릭 워렌의 꿈꾸는 인생

초판 1쇄 발행 2023년 6월 12일
초판 2쇄 발행 2023년 6월 19일

지은이 릭 워렌
옮긴이 홍병룡

펴낸이 오정현
펴낸곳 국제제자훈련원
등록번호 제2013-000170호(2013년 9월 25일)
주소 서울시 서초구 효령로68길 98(서초동)
전화 02)3489-4300 **팩스** 02)3489-4329
이메일 dmipress@sarang.org

ISBN 978-89-5731-872-0   03230